「蟻鱒鳶ル」外観

1階から、空を見上げる

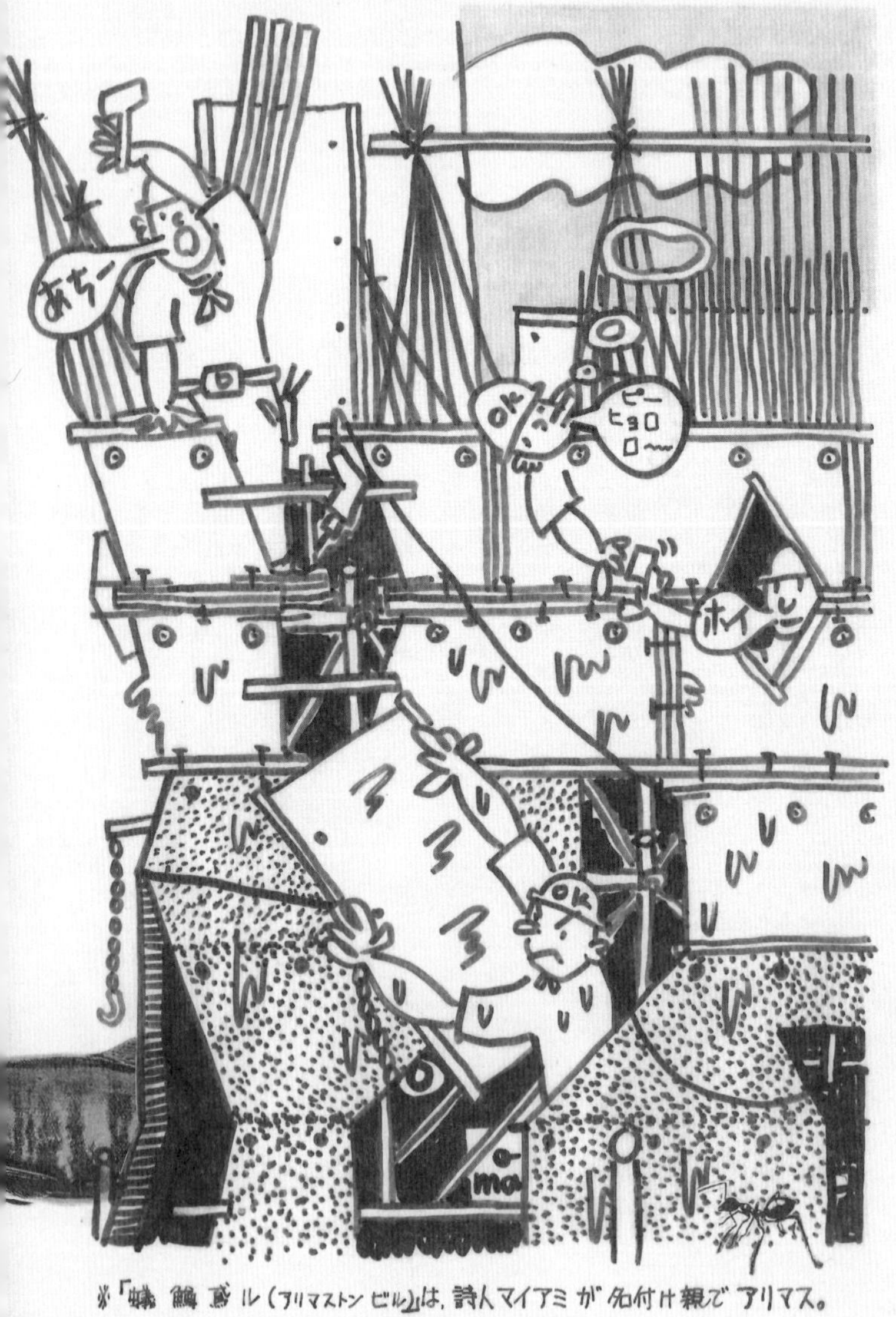

※「蟻鱒鳶ル（アリマストンビル）」は、詩人マイアミが名付け親でアリマス。

蟻鱒鳶ル
Arimasuton Building

「セルフビルドで踊れ！」

踊りで学んだ沢山の事を、この建築にそそぎ込む。
着工前に決定しとかなきゃいけない要素を極力へらし、
多くを現場で即興的にセルフビルドで拵えてゆく。
デザインは「頭」だけに依らず、からだ全て、そして気分や勘、
虫や月、太陽、音楽、サイコロ、友達、多くに依る。
心を開き、広がるイメージを見つめ、
現れた「何か」を形に定着させる。
それが連鎖してゆく事によって、除々に全体の姿が現れてくる。
汗を流し、筋肉軋ませ、
全身で集中し、この過程を楽しみたい。
そう、この作戦の要は「楽しんで作る」だ。
この事が実は最大の難関。簡単じゃない。
「楽しんでいるフリ」は最悪。それは瞬時に暴かれる。
欺瞞なく楽しめれば、出来たモノは、
自分にとって何より美しく、リアルなモノになる。
そして、人にも伝わる。
この事は踊りに教わった。
アリマストンの現場は、
「楽しんで建築を作る」を学び直す稽古場なのだ。

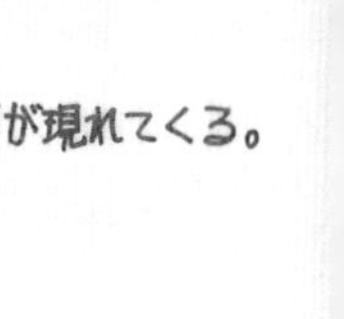

何かの完成である。
と同時に 次への舞台である。

何かの完成である。
と同時に、次への舞台である。

コンセプトドローイング

高山建築学校

バベる！

自力でビルを建てる男

岡啓輔

筑摩書房

目次

構成　萱原正嗣

坂の上のバベル

コンクリート完全自力建設

東京都港区三田《みた》――。

都営三田線の三田駅、あるいはＪＲ山手線の田町駅から歩いて一〇分ほどのところに、ちょっとした坂がある。

その名は「聖坂《ひじりざか》」。坂の上と下にある標識によれば、「古代中世の通行路で、商人を兼ねた高野山の僧（高野聖）が開き、その宿所もあったため」、この名がついたという。

坂の裏手には三田の象徴・慶應義塾大学があり、近隣にはオフィスビルも立ち並ぶ。

僕はこの東京都心の一角に、地下一階、地上四階の鉄筋コンクリート（ＲＣ）造のビルを建てている。

ビルの名前は「蟻鱒鳶《ありますとんび》ル」。完成したら、僕と妻が二人で暮らす住まいになる。

土地は敷地面積一二坪、四〇平米ほどの狭小地だ。妻と二人でお金を出し合って購入した。坂道に面しているだけあって、敷地の通りの裏手は崖《がけ》になっている。建築面積は二五平米弱、延べ床面積で一〇〇平米ほどだ。

この建築の設計者は僕自身だ。そして、実際に手を動かしてつくっているのも僕自身だ。足場を組み、コンクリートを打ち込む型枠《かたわく》をつくる。並行して、コンクリートに強度を出すための鉄筋を組む。そして、コンクリートを練って壁や床や天井をつくる――。

こんなふうに、自分の手で自分の家を建てることを「セルフビルド（自力建設）」と呼ぶ。現場では、機械や友人・知人の力を借りてはいるものの、施工業者に工事を発注するようなことはしていない。コンクリートも、工場でつくられたものを買ってくるのではなく、現場で僕がセメントと水と砂とジャリの分量を計って混ぜて練る。

これぞ、鉄筋コンクリート建築の〈完全自力建設〉だろう。

「建物をつくってくれ」と頼む人のことを「施主（発注者）」という。僕は、施主でもあり、このビルを設計した設計者（建築家）でもあり、同時に施工者（職人）でもある。もちろん、設計者として一級建築士の資格ももっている。だから、建築の工事現場によくある「建築確認」の看板には、上から下までズラッと僕の名前が並んでいる。

ちなみに、聖坂はちょっとした建築スポットだ。「蟻鱒鳶ル」のちょうどお向かいさんと言える場所に、有名な二つの建築がある。

ひとつは、大江宏（一九一三―一九八九）が設計した「普連土《ふれんど》学園」（一九六八）の校舎だ。三田三丁目の交差点から坂道をあがってくると、右手の少し奥に建っている（「蟻鱒鳶ル」は坂の左手にある）。「法政大学55・58年館」や「国立能楽堂」と並ぶ代表作のひとつだ。

大江さんは、僕が建築を学ぶために長年通い続けている「高山建築学校」とも、とても縁の深い人だ（高山建築学校については、後で詳しく触れたい）。ただ、それは僕が通いはじめる前のこと。お目にかかる機会はなかったけれど、高山建築学校を介してつながる大江さんの建築のすぐそばで建築がつくれることを、とてもうれしく感じている。

坂の右手の数軒先には、丹下健三（一九一三―二〇〇五）が設計した「駐日クウェート大使館」（一九七〇）が建っている。「代々木体育館」とか「東京都庁舎」とか有名な建築がありすぎて、その影にちょっと隠れがちではあるけれど、建物の上の部分が浮いているようにも見える建築は、いま見ても斬新でかっこいい。

ついでに言うと、三田駅・田町駅の近くには日本建築学会がある。この一帯は、建築を愛し、学ぶ人にとって特別な意味のある場所なのだ。

二〇〇年もつコンクリート

コンクリートは、水とセメントと砂とジャリを混ぜてつくる。混ぜてドロッとした状態のものを「生コンクリート（生コン）」と呼ぶ。

それを型枠に入れると、固まって形ができあがる。ゼリーを型に入れてつくるのと似たようなものだ。型枠の材料には、たいてい木材が使われる。木を組み上げ、型でつくりたい形を表現するのだ。

コンクリートは、水とセメントが化学反応を起こし、型枠の中で固まっていく（乾いて固まるわけじゃない）。セメントの原料は石灰石や粘土で、いうならばコンクリートは、水を使って人間がつくる「人工の石」だ。

しかも、型枠で表現できるものなら、コンクリートでさまざまな形をつくり出すことができる。それはさながら魔法のようでもある。

西洋からコンクリートがもちこまれた明治の時代、日本では、とても頑丈なコンクリートが使われていた（だから当時の建造物がいまでも多く残っている）。ところが、時代とともにコンクリートの質が変わってきた。簡単にいうと、水を多く混ぜるようになってきた。

コンクリートに含まれる水分量が増えると、コンクリートの強度は低下し、劣化も早まる。いまの日本の建築基準では、構造的な強度を保ち続ける寿命（法定耐用年数）は五〇年と定められている。しかも実際には、作業をしやすくするために現場で文字どおり「水増し」が行われることもあると聞く。水でシャバシャバになったコンクリートは、いったいどれぐらいもつのだろうか……。

もちろん、だからといって五〇年で崩れてしまうわけではない。ただ、設計上の構造的な強度は保てなくなる。何か衝撃があれば、それで壊れてもおかしくない。

木造住宅にしても、コンクリートとは無縁ではいられない。いまの法律では、建築物の基礎はコンクリートを使うことが基本的には義務付けられている。コンクリートの寿命は、ほとんどそのまますべての建物の寿命と言える。

僕が現場で練ってつくるコンクリートは、そんじょそこらのものとはモノがちがう。水分含有量を圧倒的に少なくしているのだ。

世に出回っているコンクリートの、セメントの質量に対する水の質量の割合（これを「水セメント比」という）は、工場出荷時で六〇パーセント近い。対して「蟻鱒鳶ル」のコンクリートは、三七パーセントほどだ。

水が少ない分だけ、固まる前のコンクリートの粘り気は強くなる。コンクリートを練るのも型枠に打ち込むのも一苦労だ。だけど、できあがるコンクリートは稠密《ちゅうみつ》で硬くなる。寿命もぐんと伸びる。現場に来てくれた専門家の先生の見立てによれば、「この製法なら二〇〇年もつ」とのことだ。

「蟻鱒鳶ル」は、二〇〇年後の東京に、二三世紀の世界に、あり続ける建築なのだ。

踊るようにつくる〈即興〉の建築

「蟻鱒鳶ル」には細かな設計図がない。

僕はこの建物の設計者として、建物の絵をたしかに描いた。建物の強度に問題はないかを調べる構造計算も、専門家に頼んで済ませている。これらの結果を書類にまとめて、役所に届けも出した。

ただ、このときの設計はあくまでもおおまかなものでしかない。外壁や内壁のデザインをどうするか、窓枠や階段をどうつくるかなど、細かいところまでは決めていない。つくりながら、そのときどきの思いつきでデザインしている。

ぐるぐる渦巻きにしてみたり、押し花みたいにコンクリートの型枠に植物を入れてみたり……。手伝いにやってきた友人・知人に型枠をつくってもらうことや、地下を掘っていたら出てきた感じのいい石をあしらってみることもある。細かいところはつくりながら、現場の思い

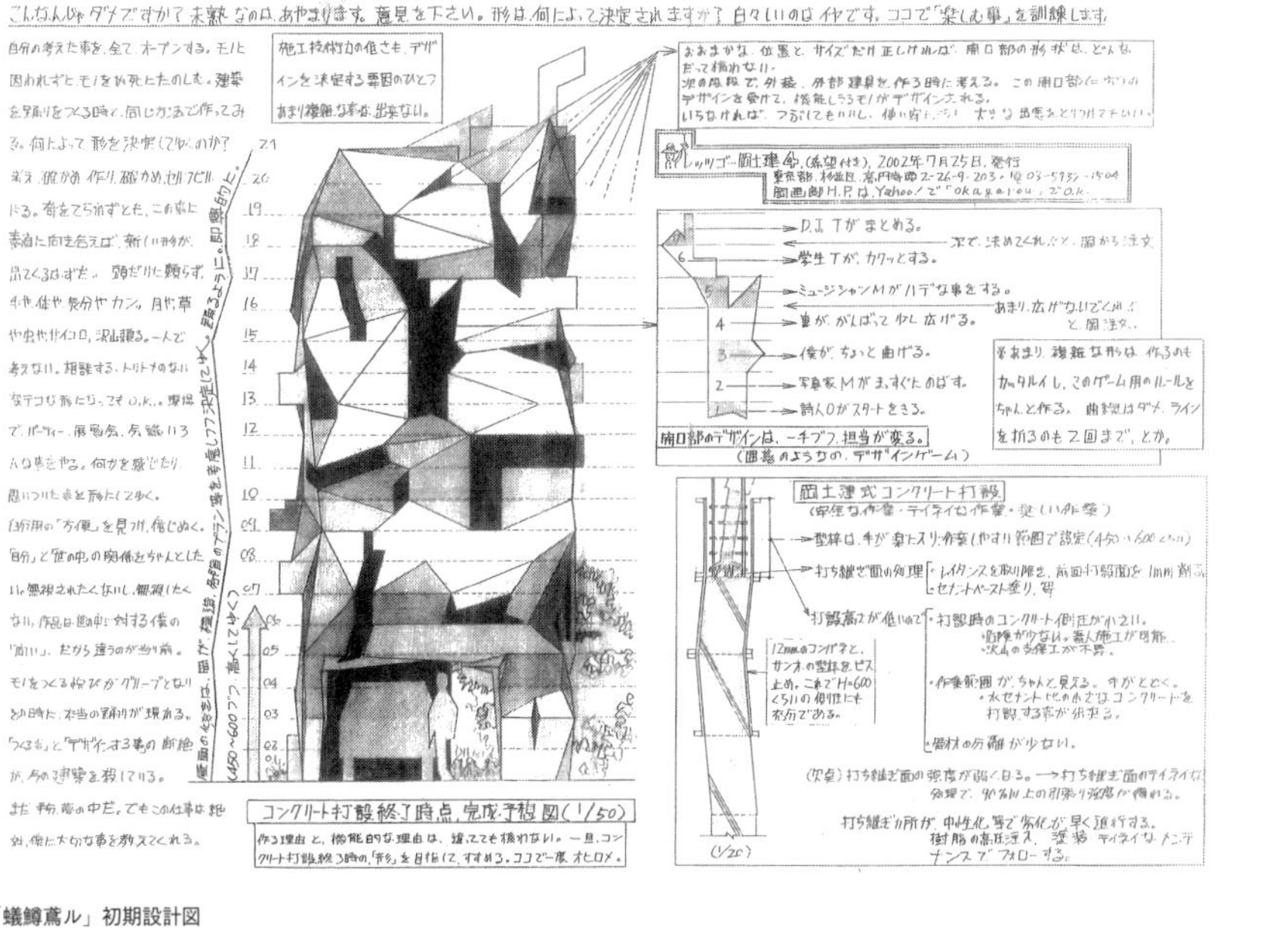

「蟻鱒鳶ル」初期設計図

つきで変えている。瞬間瞬間の〈即興〉で決めているのだ。

そんなことができるのは、鉄筋コンクリート建築ならではだ。

固まる前のコンクリートは泥のように柔らかく、形をいかようにもつくり出すことができる。鉄筋も、僕が現場で使うものは、人間の手でどうにか曲げることができる。つまり、コンクリートも鉄筋も、現場で形を変えられるのだ。だからこそ、現場で作業をしていて思いついたアイデアを、その場で取り入れることができる。

木造や鉄骨造の建築ではそうはいかない。木材や鉄骨を、現場で曲げたり形を変えたりするのはまず不可能だ。現場でできるのは、設計にもとづいて発注した部材を、現場で淡々と組み上げることだけだ。現場の職人（施工者）のアイデアで、建築のデザインを現場から生み出すようなことは容易ではない。

「〈即興〉の建築」というアプローチは、鉄筋コンクリート建築の可能性を最大限引き出そうと長年考え続けた末に思いついたものだ。

ヒントをくれたのは、「舞踏」という踊りだ。舞踏は、舞台で生まれる即興的な動きを大切にする。

（建築を、踊るようにつくれないものだろうか……）

その発想が、「〈即興〉の建築」につながっていったのだ。

東京・三田、聖なる坂の〈バベルの塔〉

ミだ。

「蟻鱒鳶ル」という名前には、当然ながら意味がある。名付け親は、友人の芸術家マイア
まず、「あります」という肯定的な響きのあとに、「トン」という音をつなげた。「シェラトン」とか「ヒルトン」とか繁盛しているホテルにあやかって、縁起のいい明るいビルになってほしいと願いを込めた。

マイアミと話していたら、動物の漢字を入れたくなってきた。「あります」は「蟻」と「鱒」とすぐ決まったけれど、「トン」を「豚」にするのはピンと来ない。名前そのものにも、もう一工夫加えたかった。そこでふと思いついたのが「鳶（とんび）」だった。僕はかつて建築現場で「鳶（とび）」の仕事をしていたこともあった。

これはなかなかいいぞ。「蟻」も「鱒」も「鳶」も、ちょっとパッとしない感じがするのも気に入った。というのも、「蟻鱒鳶ル」をつくりはじめるまでの数年間、僕は建築に関する自信を完全に喪失していた。自分の冴えなさ具合と重なり合うように感じたのだ。

そこまで来たら、コンクリート造の建物なのだし、名前の最後は「ビル」にしようと「ル」の音をつけた。最後の「ル」は、建築家のル・コルビュジェ（一八八七－一九六五）の「ル」の意味合いも込めている。「蟻」「鱒」「鳶」がすべて動物だから、人間代表で誰かを

入れようと、学生時代に好きだったル・コルビュジェの「ル」の音を拝借したのだ。コルビュジエも、美しいコンクリートの建築を多くつくった。

「蟻」と「鱒」と「鳶」は、それぞれ陸・海・空を生きる動物だ。ということは、「蟻鱒鳶ル」には、陸と海と空のすべてが宿る。僕は「蟻鱒鳶ル」をつくることで、「世界」を表現することができるのではないか——。

僕の建築の師匠、建築家の倉田《くらた》康男《やすお》先生（一九二七－二〇〇〇）は、「建築は世界そのものだ」と常々語っていた。倉田先生は高山建築学校の創設者にして校長だった。僕は倉田先生から、建築について多くを学んだ。その教えの実現を目指していた僕にとって、これほどぴったりな名前はない。

建築が「世界そのもの」であるならば、建築をつくることで、新たな「世界」をつくり出すことができる。だとすれば、僕も「蟻鱒鳶ル」をつくることで、新たな「世界」をつくり出すことができるはずだ。

「蟻鱒鳶ル」は、僕にとっての〈バベルの塔〉だ。

「バベルの塔」は、『旧約聖書』の「創世記」に登場する、巨大な塔を巡る物語だ。

人間たちは、天にも届かん高い塔をつくりはじめる。神は、それを人間たちの神への挑戦と受け取り、人間の驕《おご》りを戒《いまし》めるべく言葉をバラバラにした。言葉が通じなくなった人間は、意思疎通がとれずに塔を建設することができなくなり、塔は完成を見ることなく崩れ去った。そういう物語だ。

この神話の舞台は、紀元前の古代メソポタミア（現代のイラク）に栄えたバビロニア王国の中心都市バビロンと考えられている。バビロンには、「バベルの塔」のモデルになったと見られる建造物の遺跡がある。

この「バベルの塔」は、いったい何を象徴しているのだろうか。

僕はそこに二つの意味を見てとった。

バベルの人たちはきっと、「建築をつくりたい願望」、すなわち「建築欲」に衝《つ》き動かされて塔をつくりはじめた。ところが、それが神の怒りに触れ、人間たちは言葉を分かたれ〈分断〉させられた。崩れた「バベルの塔」は、「分断された世界」の象徴だ。

言葉を分かたれた人類は、歴史のなかで戦争の惨禍を繰り返してきた。かつて「バベルの塔」が実在したかもしれないメソポタミア地域は、歴史を通じて、そして今でも激しい紛争地帯である。

僕にはバベルの人たちの「建築欲」がよく分かる。それを僕は全肯定したい。

だが、人類の〈分断〉は乗り越えるべきものだ。僕はそのために建築をつくりたい。

崩れた「バベルの塔」が「分断された世界」の象徴なら、この手で〈バベルの塔〉を完成させれば、それは「分断なき世界」の象徴になりえないだろうか。

建築は「世界そのもの」だ。僕は「蟻鱒鳶ル」をつくり、「分断なき世界」をつくり出す。その素晴らしい「世界」のなかに、僕たち人間が住まわせてもらう。

そのためにも、「蟻鱒鳶ル」は長くあり続けるものでなければならない。

二〇〇年という時間が、長いのか短いのか、僕にもよく分からない。だが、多くの建築が五〇年やそこらで壊されてしまう今の時代、二〇〇年もつ建築をつくることにはいくばくかの意味があるはずだ。

東京・三田の聖坂の坂の上に、「分断なき世界」の象徴として〈バベルの塔〉をつくる。

この本は、「蟻鱒鳶ル」という名の〈バベルの塔〉にまつわる物語だ。

第一章

激闘！セルフビルド

二〇〇五年一一月、着工

「蟻鱒鳶ル」をつくりはじめたのは、二〇〇五年一一月末のことだ。この日、友人・知人に声をかけて着工式を執り行った。それからかれこれ一〇年以上、セルフビルドを続けていることになる。

地下一階、地上四階になる建物は、二〇一八年が明けた時点で、三階の壁が半分ぐらいまでできたところだ。三・四階の残りの壁と天井をつくれば、建物の躯体《くたい》がおおむね完成する。躯体とは、建物の基礎にはじまり、床や壁、柱や屋根など、建物を構造的に成り立たせる骨格のようなものだ。

だが、それでこの建築が完成するわけではない。開口部に窓をはめ、電気ガス水道の室内用の配管を引き、キッチンやお風呂やトイレをつくる。こうした内装まわりの工事が終われば、ようやく僕ら夫婦が住める建築になる。

「蟻鱒鳶ル」をつくりはじめたとき、僕は四〇歳だった。それから一〇年以上の月日が経ち、僕も妻も、その分だけ年を重ねた。

僕だって、好きでのんびりつくっているわけではない。初めて挑むセルフビルドの鉄筋コンクリート建築だから、多少の時間がかかると思ってはいたが、それでも着工当初は三年ぐらいで仕上げられると思っていた。それなのに、振り返ればもう十数年だ。

誤算はいろいろある。

まず、敷地面積わずか一二坪（およそ四〇平米）の土地をたかだか三メートル掘るだけで、一年近くもかかってしまった。地下室をつくるためだ。スコップとツルハシを使ってひたすら人力で掘っていたのだから、それも無理もないのかもしれない。

本当は、重機を使って一気に地下を掘ってしまいたかったけれど、どれだけ探しても、引き受けてくれる業者は見つからなかった。作業費を、普通の建築現場の倍払

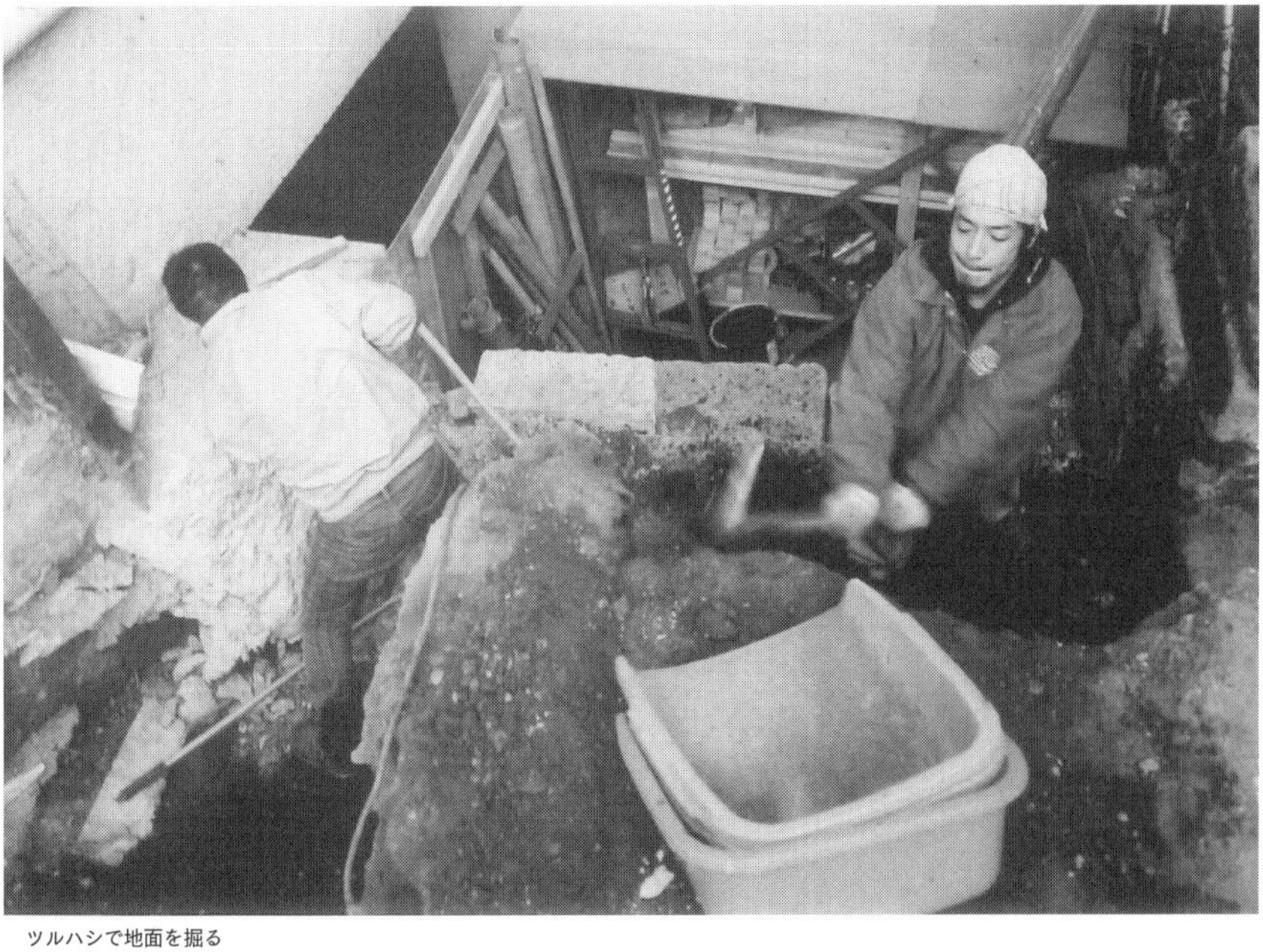
ツルハシで地面を掘る

うと言っても相手にされない。理由は分からない。個人の建設作業があまりに異例で敬遠されたのかもしれない。仕方なしに人力で、来る日も来る日も土を掘り続けた。

友人たちが手伝ってくれたものの、数人がかりでごく限られた面積を一日何十センチか掘れればいいほうだった。掘った土は土嚢《どのう》に詰め、土嚢がいっぱいになってきたら、トラックに積んで運び出す。この間に掘り出した土は、単純計算で体積にして約一二〇立米、重さは二五〇トンほどにもなる。

毎日ひたすら土を掘り、それでもさしたる進展が見られないのだから、精神的には決して楽ではない。でも、土を自分で掘ったからこそ味わえた楽しさもある。

土の中には、かつてここに住んでいた人たちの痕跡が埋もれていた。生活のゴミや瓦《かわら》や茶碗の欠片に加え、三〇〇キロはあろうかという大きな石も出てきた。ごろりとひっくり返してみると、明らかに人工的な四角い穴が空いている。おそらく、柱を支えるホゾ穴だろう。聞けば、現場周辺一帯は江戸時代に藩邸があったところだそうだ。この大きな石は、その礎石として使われたものなのだろう。

さらに掘り進めていくと、七〇センチぐらいから土の様子がガラリと変わった。生活の痕跡はおろか、生物の気配さえも感じない。それまでは、掘ればアリやミミズ、小さな虫たちが顔を出したものだけれど、土の中からうごめく生き物が出てくることがなくなった。

おそらく、長い間一度も空気に触れたことのない地層なのだろう。

きっと、この土に最初に触れた人間は僕なのだ。

そう思えるのは気分がよく、この土地がますます愛おしくなった。

二〇〇六年一〇月には、ようやく地下の穴掘り作業の終わりが見えてきた。

建築資材をどこで買うか

建築をつくるには、当然ながら資材が必要だ。資材を安く大量に仕入れられるルートをいかに確保するか。本格的な建設作業の開始を前にして、クリアしておかなければならない問題だった。

鉄筋コンクリート建築をつくるのに必要な資材は、主なところでセメントと砂とジャリ、それに材木と鉄筋だ。最初の三つ、セメントと砂とジャリは、コンクリートをつくる材料だ。砂とジャリを分けるのはその大きさで、直径が五ミリより小さなものが砂、それより大きなものがジャリとして扱われる。材木は、コンクリートの形をつくる型枠用のもの。鉄筋は、コンクリートを補強するための部材だ。

コンクリートは、圧縮される力には強い半面、曲げや引っ張りの力に弱い（曲げや引っ張りの力は、壁なら地震の横揺れで、床や天井なら重力によって発生する）。その弱点を補うのが鉄だ。

鉄は曲げや引っ張りの力を吸収し、コンクリートにかかる力を分散する。

鉄筋コンクリート建築を「RC」と呼ぶのは、そのことに由来する。「RC」とは「Reinforced Concrete（補強したコンクリート）」の略称で、鉄によってコンクリートの弱いところを補強しているのだ。

これらの資材の多くを、「蟻鱒鳶ル」ではホームセンターで購入している。よく利用するのは、二〇〇五年に豊洲にできた「スーパービバホーム（通称スービバ）」だ。「蟻鱒鳶ル」の着工とほぼおなじ時期に開店した巨大なホームセンターだ。


僕は最初、必要な建築資材を、建築業界向けの業者から買おうと思っていた。相手もプロだから安心感があるし、なにより安く買えると思っていた。

でも現実には、どの業者も僕を相手にはしてくれなかった。

たとえば鉄筋――。

千葉の浦安には鉄筋屋がたくさんある。そこに片っ端から電話しても、一見《いちげん》さんはまともに取り合ってくれない。

材木もやっぱりおなじ。あちこちまわって一所懸命お願いしても、まるで相手にしてくれない。

材木屋を訪ねて驚いたのは、店に行っても値段表示がないことだった。

「あの、すいません……」

おそるおそる、店の主に声をかけてみる。こういう店に何の伝手《つて》もなく、一見で入っていくのは勇気が要る。

「うん？　なんだい？」

店の主は、値踏みするように僕のことを見つめている。

「あの、コンクリートの型枠用に材木を探してまして……。こちらの材木おいくらでしょうか？」

店の主の表情が明らかに曇る。

「あんた、どこの人だい？」

「どこって、三田のほうから来たんですけど……」

「いや、聞いてるのは場所じゃなくてね、どっかの工務店に勤めてるのか、そうでなきゃ、どの親方についてる職人さんなのかってことだよ」

「いや、どこにも勤めてないし、親方もいません。ひとりで地下一階、地上四階のRCのビルを建てようと思ってまして……。型枠つくるのに材木が必要なんですけど、こちらで売ってもらえないかなと……」

主の表情がますます曇る。しばらくじっと黙っていた主が、ふと思い出したように店の奥に引っ込んで、手に材木をもって戻ってきた。

「はい、これもっていきな」

見せられたのは、曲がった材木だった。

「値段はこの金額だね」

紙に書いて見せられたその金額は、僕の想定よりもゼロがひとつ多いぐらいの金額だった。こんな金額で、こんなに曲がった材木を買えるわけがない。こちらから丁重にお断りをして、その店をあとにした。

砂とジャリはどこから来るか

セメントも、なかなか不思議な状況に遭遇した。

現場近くの業界向けの資材屋さんでは、一袋二五キロを七五〇円で売っていた。

僕がつくるコンクリートは、水を極力少なくする分、セメントを多く使う。僕の現場で、大量のセメントが必要なのは明らかだった。

そうなると、一袋の値段の差が大きく響いてくる。あれこれ店を見て回ると、いちばん安く売られていたのが豊洲のスービバだった。同じ品名のセメントに、一袋四九五円の値がつけられていた。

いくつもの店を見て回り、どこでどういう資材がどれぐらいの値段で売られているかがよく分かった。プロの職人しか使わないような特殊な資材は、そもそも専門店でしか扱っていない。けれども、セメントや鉄筋、木材のようなありふれた資材は、ホームセンターでもごく普通に売られている。しかも、値段がオープンになっていて価格も安い。

結局、これらの資材は豊洲のスービバで買うことに決めた。

ちなみに、セメントに混ぜる砂とジャリは、コンクリートの品質に並々ならぬこだわりをもつ、生コンクリート屋のトウザキさん（江戸川区）から購入させてもらっている。

砂やジャリひとつとっても、産地や採取方法、性質や品質はまちまちだ。尖ったジャリや丸いジャリなど形もさまざまで、水の吸いやすさにも違いがある。

何十年か前までは、砂もジャリも、川から採ってきたものが使われていたが、今は環境破壊につながるとして行われていない。ジャリは石を砕いたものが、砂は海辺

地下の資材置き場。左から、大きいジャリ、小さいジャリ、砂

の砂を洗ったものが主に流通しているが、ごくまれに石を砕いてつくった砂もある。

海辺の砂のほうが、石を砕く手間がかからない分だけ安価だが、品質面で不安がないわけではない。海水の塩分は、コンクリートの強度を低下させる。一九六〇年代から七〇年代にかけてつくられたコンクリート建造物には、海辺の砂をそのまま使ったものがあり、それが一〇年ほどで激しく劣化し、大きな問題になったことがあるのだ。

ジャリについては気になる噂も囁《ささや》かれている。東京の建築現場では、千葉から運び込まれたジャリが使われることが多いのだけれど、その正体は、中国で砕石したジャリを、千葉の港で荷揚げしたものだというのだ。ジャリの本当の産地がどこなのか、その実態はなかなか簡単には分からない。

コンクリートの品質にとことんこだわり、「二〇〇年もつ」ものをつくろうというのに、砂やジャリに、少しでも不安があるものは使いたくはない。出処《でどころ》がはっきりしていて品質面でも不安のない砂とジャリを探し求めていたら、トウザキさんに辿り着いた。砂もジャリも、トウザキさんお墨付きの良質の国内産石灰石を砕いたものを使っている。

砂とジャリが石灰石由来であることの意味についても触れておきたい。

セメントそのものも、主原料は石灰石だ。つまり、石灰石を砕いたジャリと砂でつくるコンクリートは、人工的に石灰石をつくり直しているのに等しい。

それは、コンクリートの品質を高めることにつながるのはもちろんのこと、コンクリートが使われなくなった後にもプラスの面がある。役目を終えたコンクリートが再び資源となり、セメント原料に生まれ変わるのだ。トウザキさんは、そういう良質なコンクリートを、真面目につくり続けている。

ホームセンターが建築を変える⁉

建築をつくるための材料費がオープンになり、ふつうの人が気軽に建築資材を買えるようになれば、建築の世界も変わるかもしれない——。

ということを言い出したのは、僕が尊敬する建築家の石山修武《いしやまおさむ》さんだ。一九八四年、『「秋葉原」感覚で住宅を考える』（晶文社）という本で、そう書かれていた。

当時の秋葉原は電気街だ。電気製品を自前でつくるための部品が山ほど売られていて、電気のプロも工作好きも分け隔てなく、自由に部品を買って、好きなものをつくるための場所だった。

建築の世界もそれと同じように、自分で好きな材料を買ってきて、家を自由につくれるようになるべきだ。当時のアメリカではすでにそういう状況が起こりはじめていた。それを可能にするのが、ありとあらゆる材料を取り扱う巨大なホームセンターで、プロも素人も一緒になって建築資材を買っている。
それが、石山さんの指摘だった。

いまの建築のつくられ方はあまりにも不透明だ。誰がどんな部材を使ってどういうふうにつくっているか、外の人からはほとんど見えない。これは、建築をつくる人と建築を使う（住まう）人の間に横たわる、ある種の〈分断〉だ。

町で見かけるプロ向けの資材屋さんで、僕がまともに相手にされなかったことも、おそらくそれと関係がある。商品は売られていても、その値段がはっきりしない。勇気をもって店に入り、なんとか売ってくれと懇願しても、品質の悪いものを高値で売りつけようとする。

対してホームセンターでは、ありとあらゆるものが、誰にも平等な値段でオープンに売られている。建築のプロも僕のようなセルフビルダーも、日曜大工を楽しむレベルの人も分け隔てなく、誰に対しても開かれている。しかも、値段も安い。

一軒の住宅ができるまでに、材料や工賃にいくらかかるのか――。

それがはっきり見えるようになれば、建築を見る目が厳しくなるだろう。建築の材料や技術に、値段に見合う価値があるのか、買い手がチェックできるようになる。建築のつくり手は、そういう緊張感のある環境で、プロとしての技術を磨いていくようになるはずだ。

それに、誰もが手軽に材料を手に入れられるようになれば、ちょっとした小屋をつくってみたり、家の修理ぐらいは自分で材料を買ってやってみようと思う人も出てくるだろう。そうすれば、建築のプロは、つくる技術でちがいを見せられなければ、プロとしてお金をとることができなくなる。

技術の値段が明らかになり、プロが緊張感をもって建築に臨み、素人とプロの健全な競争が起これば、建築はいい方向に向かう。ホームセンターの登場によって、そういう変化が起こる。

石山さんは期待を込めて、そう問題提起したわけだ。セルフビルドは、建築をつくる人と使う（住まう）人の間に横たわる〈分断〉を埋めるきっかけになりうるのだ。

東京都港区三田。土地の値段は一五五〇万円

建築資材の話に続いて、土地をどう手に入れたかにも触れておこう。

「蟻鱒鳶ル」を建てている四〇平米ほどの土地は、二〇〇〇年九月に、僕と妻と二人でお金を出し合って手に入れた。妻は当時、航空会社のキャビン・アテンダント（CA）として働いていて、おそらくけっこうな額の貯金があったと思う（夫婦別会計だから、詳しくは分からない）。僕はまったく貯金はなかったけれど、母が貸してくれた。父が亡くなったとき、

遺産の受け取りを放棄して母に渡していた分を、とっておいてくれたのだ。

入手金額は、一五五〇万円。平米単価にして四〇万円ほど。奥が崖になっている狭小地とはいえ、東京都心、港区でこの値段は我ながらあまりにも破格だ。

ちなみに、基準地価で見ると、港区の平米単価の平均が土地を買った二〇〇〇年で約一八七万円、二〇一五年で約二九〇万円。二〇一五年の路線価で見ても、「蟻鱒鳶ル」のある三田四丁目は、二〇一五年で平米あたり八七万円だ。あらためて、実にお得な値段でこの土地を手に入れたことを実感する。

最初、僕らは競売で土地を探していた。手続きに時間はかかるし、気に入った物件を必ず手に入れられるとは限らないけれど、間違いなく相場より安く買うことができる。

競売には、不動産屋のおじさんたちが集まってくる。彼らが探しているのは、工事がしやすく住宅としても使いやすい土地だ。広さが十分で、形もそんなに変ではない。そういう売りやすい土地を、不動産屋は欲しがるのだ。反対に、狭い土地や形が歪《いびつ》な土地は、工事もしづらい、住みづらいしで敬遠される。

人気物件は値が上がり、不人気物件なら値が下がるのは世の常だ。それでも競売なら、使い勝手のいい人気の土地でも、相場より二~三割は安く買うことができる。条件が悪い不人気な土地なら、さらに割安で手に入れられる可能性が大きい。

僕は、不動産屋が敬遠しそうな条件の悪い土地を探していた。自分で設計も施工もできるから、普通の施工業者が嫌がりそうなところでも、作業の術《すべ》を算段できる。不動産屋が目もくれないような土地を、相場よりうんと低い金額で落札することを狙っていたのだ。

妻と二人、山手線周辺の地図を見ながら、「この辺に住めるといいね」とよく話し、希望のエリアで競売物件が出ると、何度か入札を繰り返した。

けれども、一度、二度、三度と挑戦しても、ずっと負け続けていた。

四度目に挑んだのは、広尾（東京都渋谷区）の土地だ。下見のために現地を訪ねてみたら、実に素敵なところで二人して気に入ってしまった。どうにかして手に入れたいと、下見を何度も繰り返し、入札金額をいくらにするか、二人で幾度も話し合った。

ギリギリのラインを狙って入札するも、わずかな差で届かず……。公表された売却価格を見ると、もう一〇〇万円積み増していれば落札できたはずで、期待も膨らんでいただけに、悔しさもひとしおだった。

このときの悔しさを忘れられなかった僕らは、広尾の周辺で、僕らが買える土地がないか探してみることにした。そうして広尾の不動産屋へと足を運ぶ。

「僕が自分で設計も施工もするので、小さくてもいいから、この辺で住宅用の土地はありませんか？」

そう尋ねて出てきたのがいまの土地だ。ただ、そのとき提示された金額は「建築条件付きで六五〇〇万円」だった。

「建築条件付き」というのは、売主が指定する設計会社や施工会社と契約することを条件に土地を販売すること。値段は土地と建物を合わせたものだったけれど、建物の値段はどう見ても一〇〇〇万円には届かない。

「建築条件を外したら、いくらなら買う？」

そう聞かれはしたものの、向こうはおそらく、土地だけなら五〇〇〇万円台後半で売ろうと考えているはずだ。とてもそこまでは払えない。その日は「考えてきます」とだけ言い残して、不動産屋をあとにした。

約五〇〇〇万円の値引きを実現

どうやって僕は、約五〇〇〇万円の値引き交渉を成功させ、三分の一以下の値段で土地を手に入れたか――。

まず調べたのが、土地の登記情報だ。

法務局に行って登記簿を調べてみると、バブルのまっただなか、ある信販会社が一億円で買った土地だったことが判明する。「建築条件付き」で六五〇〇万円で売っても、ずいぶんな赤字だ。それでもこの値段をつけていることから、どうにかして手放したいという思いと、それでも売れずに困っている事情とが、透けて見えた。

　敷地をあらためて見に行ってみると、売れない理由がすぐに分かった。

　そこは、四〇平米しかない狭い土地だ。おまけに奥が崖になっている。普通の施工業者はここで作業するのを嫌がるだろう。しかも、奥が崖のせいか、敷地を示す柵《さく》が土地境界より二メートルも内側に立っている。実際の敷地よりもずいぶんと狭く見える。

(これではこの土地は売れないな)

　競売物件をいくつも見てきた僕は、そう確信した。使いにくさを考えると、値段を下げても売れるかどうか……。最後は競売で叩き売るしかなくなるだろう。そこまで情報武装して、もう一度おなじ不動産屋を訪れた。

　向こうは僕の顔を覚えていて、店に入るやいなや、こう切り出した。

「おう、来たか。で、いくらで買う?」

「一四〇〇万円!」

　店の主は、元値との差額の大きさに、しばし言葉を失っていた。

「あのね、この土地がどこにあるか分かる?　東京の港

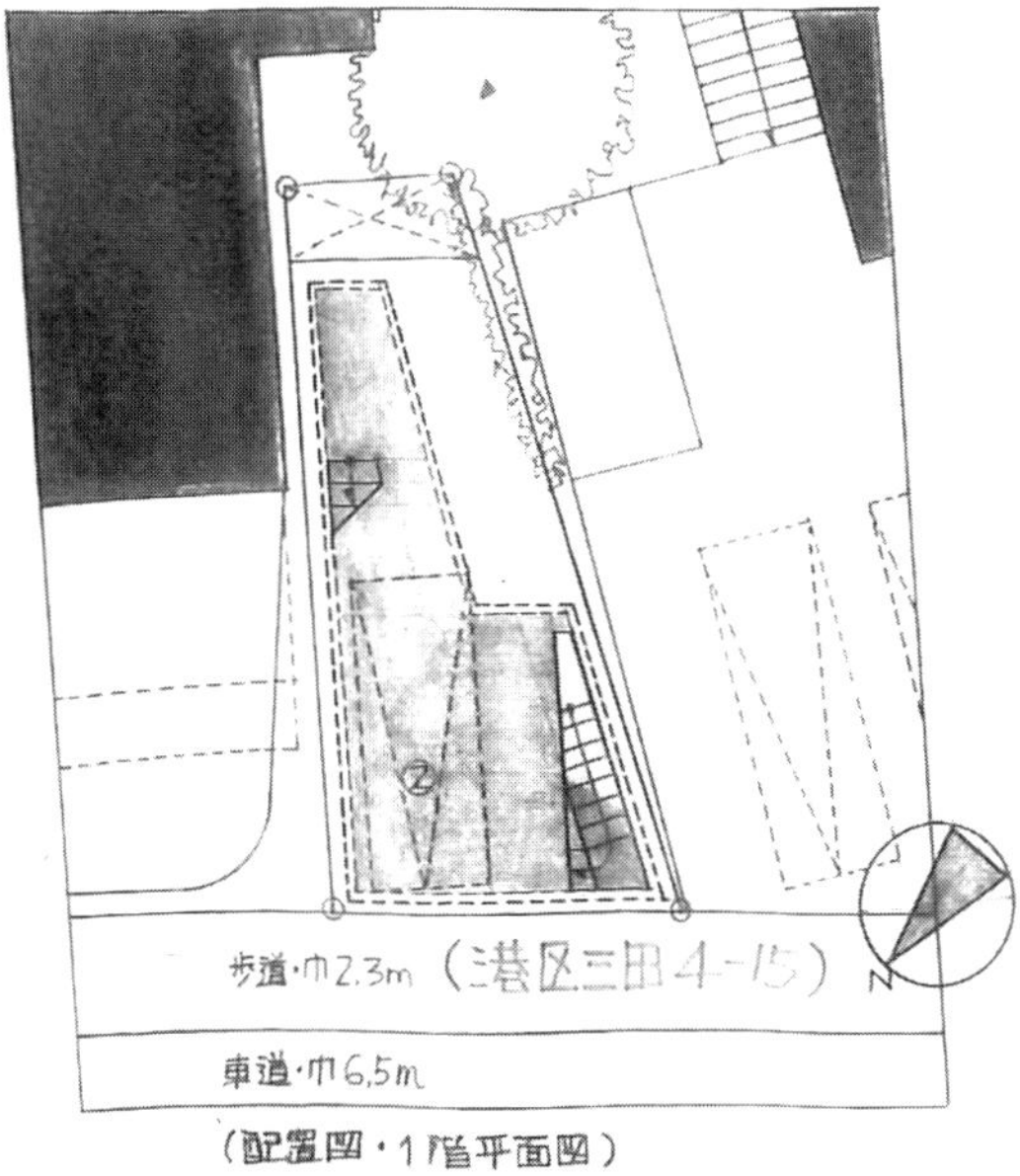

図面中央、灰色部分が「蟻鱒鳶ル」

区だよ。いくら安く買いたいからって、常識ってもんがあるでしょ」

「いくらなら買うかと聞かれたから、出せる額をお伝えしたまでです」

金額のあまりの開きに、その日は話が折り合わなかった。

それでも僕には勝算があった。「買いたい」という人がひとりもいなかったはずの土地に、ずいぶん安いけれど「買うよ」という相手が現れたわけだ。向こうの心も動くだろうし、土地の所有者とも連絡を取るに違いない。


半年経って、土地がまだ売れ残っていることを確認して、不動産屋をふたたび訪ねた。

「こんにちは、あの物件、売れましたか？」

「いや……」

主はいかにもバツの悪そうな顔でそう答える。

「僕のほうも考えなおしました。さすがにあの金額だと申し訳ない気がして、買い値をあげることにしました」

うつむき加減だった店主が、驚いた視線で僕を見つめた。交渉の主導権は僕が握っている。そう確信して、僕は新たな金額を告げた。

「前回から一割アップします。それだと一五四〇万円でキリが悪いから、一五五〇万円でどうでしょう？」

店主の表情は、あっという間に落胆に変わっていた。

「また非常識なことを……。その金額じゃどうにも無理だよ」

もうつきまとうのは勘弁してくれとでも言いたげな顔つきで、店主は応じた。

事態が動いたのは、それから二日後のことだ。不動産屋から電話がかかってきた。

「あの物件、売ってくれるって。本気で買うの？」

「してやったり」とはこのことだろう。現金で買うことを告げて、電話を切る。

これでいよいよ僕のセルフビルドがはじまる――。そう思うと楽しみでもあり、恐ろしくもあったけれど、土地代をずいぶん節約できたことは大きかった。

セルフビルドの月給二〇万円

「蟻鱒鳶ル」をつくるあいだ、僕は月給二〇万円をもらっている。

給料を払っているのは僕自身だ。もう少し正確にいうと、僕と妻が半分ずつ出したプール金が、僕の給料の出処だ。

妻は二〇一〇年に、勤めていた航空会社を辞めた。妻には、そのとき受け取った退職金と、働きながら蓄えた貯金があった。それがプール金の元手になっているはずだ。

問題は僕のほうだ。僕はもともと建築現場の職人仕事をしていて、まとまった貯金をもっていなかった。いい年をして情けないとは思いつつも、母親からお金を借りて、「蟻鱒鳶ル」をつくりはじめた。

建物をつくるのにかかる費用には、大きく分けて材料費と人件費がある。普通の建築現場なら、その比率はだいたい一対三といわれるが、「蟻鱒鳶ル」の場合は、普通の現場以上に人件費が多くを占める。材料費は毎月二～三万円といったところだが、人件費には、僕自身の給料二〇万円に加え、手伝いに来てくれる友人・知人たちに少ないながら支払う時給も含むからだ。

給料をもらっても、たいそうな使いみちがあるわけではない。生活費として家賃や光熱費と（セルフビルドをはじめてから、現場近くに部屋を借りて住んでいて、妻と家賃を折半していた）、手伝いに来てくれた友人たちへのお礼のご馳走代を払うぐらい（時給とは別計算だ）。月々の出費は、一〇万円に届くかどうかだ。残った分は、母への返済のために貯金していた。

着工から一〇年が過ぎ、建築費用もかさんでいる。僕の月給を含めたもろもろの人件費、材料費、そのほか土地にかかる固定資産税やなんかをひっくるめると、一年ごとの費用は、ざっと四〇〇万円弱になる。それを一〇回以上繰り返しているわけで、その金額は大きい。最初に出したプール金は、途中で底をつきかけた。母親への借金返済のためと思っていた貯金を、プール金に投入する。

それでも、数年前にはついにお金が続かなくなる。こうなったとき、僕が頼れるところはひとつしかない。重たい気持ちで九州の実家に足を運ぶ。年を重ね、病を抱えてすっかり弱った母親に、お金を借りるためだ。

久しぶりに会った母親は、想像以上に弱っていた。口からついて出るのはため息ばかり。母親も、齢五〇に近いダメ息子が、何のために帰省してきたのか分かっているのだろう。

頭を下げて、追加の借金を申し込む。

母親は、僕がセルフビルドにこだわる理由を理解してはいない。

「自分でつくるとばやめて、あとは業者さんにお願いせんね。意味ん分からん！」

そうぶつくさ言いながらも、頼んだ額を僕の口座に振り込んでくれた。

〈完全自力建設〉などと言いながら、自分のお金で賄《まかな》えていないことには、忸怩《じくじ》たる思いがある。

けれども、建物を完成させれば、僕と妻の二人、東京の都心で家賃もローンも払わず、ずっと生きていくことができる（母親への借金返済はあるけれど……）。あるいは、たとえば一部屋を誰かに貸し、賃貸収入を得ることもできる。いまの場所で、地下一階・地上四階の建物を借りようと思ったら、家賃は月何十万円かになるだろう（実際、そういう相談はいろいろ受けている）。

だから、建てることさえできれば、元をとる手は十分にある。それは頭で分かっていても、現状を直視すれば、悔しさと情けなさがこみあげてくる。

セルフビルドの鉄筋コンクリート建築を、都会の真ん中につくり上げる——。それは、僕の人生を賭けた大一番だ。

願わくばそれを、僕以外の誰かが再現できる形で進めたかった。数年で完成させ、資金面でも無理のない形で、鉄筋コンクリートの〈完全自力建設〉を成し遂げたかった。

だがそれは、僕の力を超えた願望だったようだ。そのことは大きな心残り、厄介な宿題をやり残している気分だ。

コンクリートを打つ前に

さて、「蟻鱒鳶ル」をこれまでどうつくってきたかの話に戻ろう。

着工からおよそ一年後の二〇〇六年一〇月、ようやく地下の穴掘りが終わり、地下でのコンクリート打設作業が始まった。

コンクリート打設とひとくちに言っても、そこには複数の作業が含まれる。

コンクリートを練りはじめる前に済ませておかなければならないのが、型枠づくりと鉄筋を組む作業だ（後者の作業を「配筋」という）。表現したい形の型枠を、材木や、ときにはプラスチック製の波板なども使ってつくり上げる。その型枠のなかに、設計上必要な強度が出るように鉄筋を組み上げる。というよりもむしろ、作業の順番としては先に鉄筋を組み、それを囲むように型枠をつくる。

ホームセンターで買ってきた五・五メートルの鉄筋を、機材を使って必要な長さに切り、必要なところで曲げる。そして、壁や床・梁《はり》をまっすぐ支える「主筋《しゅきん》」の周りに、それと直交するように「あばら筋」を組み上げていく。あばら筋は、内臓を守るあばら骨のごとく、コンクリートの表面近くに、主筋を包むように配置するのがミソだ。主筋にはほとんどの場合、太さ一三ミリの鉄筋を使うが、あばら筋はそれほど強度が必要ないため、太さ一〇ミリのものを使う。主筋のなかでも、建物の側面のように特に強度が必要なところには太さ一六ミリの鉄筋を使う。

壁や床の厚さは二〇センチほど、そこに鉄筋を何本も入れ、強度が出るように組み上げる。狭い空間に鉄筋を配置するのは、まるで知恵の輪のような作業だ。

特に、壁と床、柱と梁が直交するような場所は頭を使う。狭いと

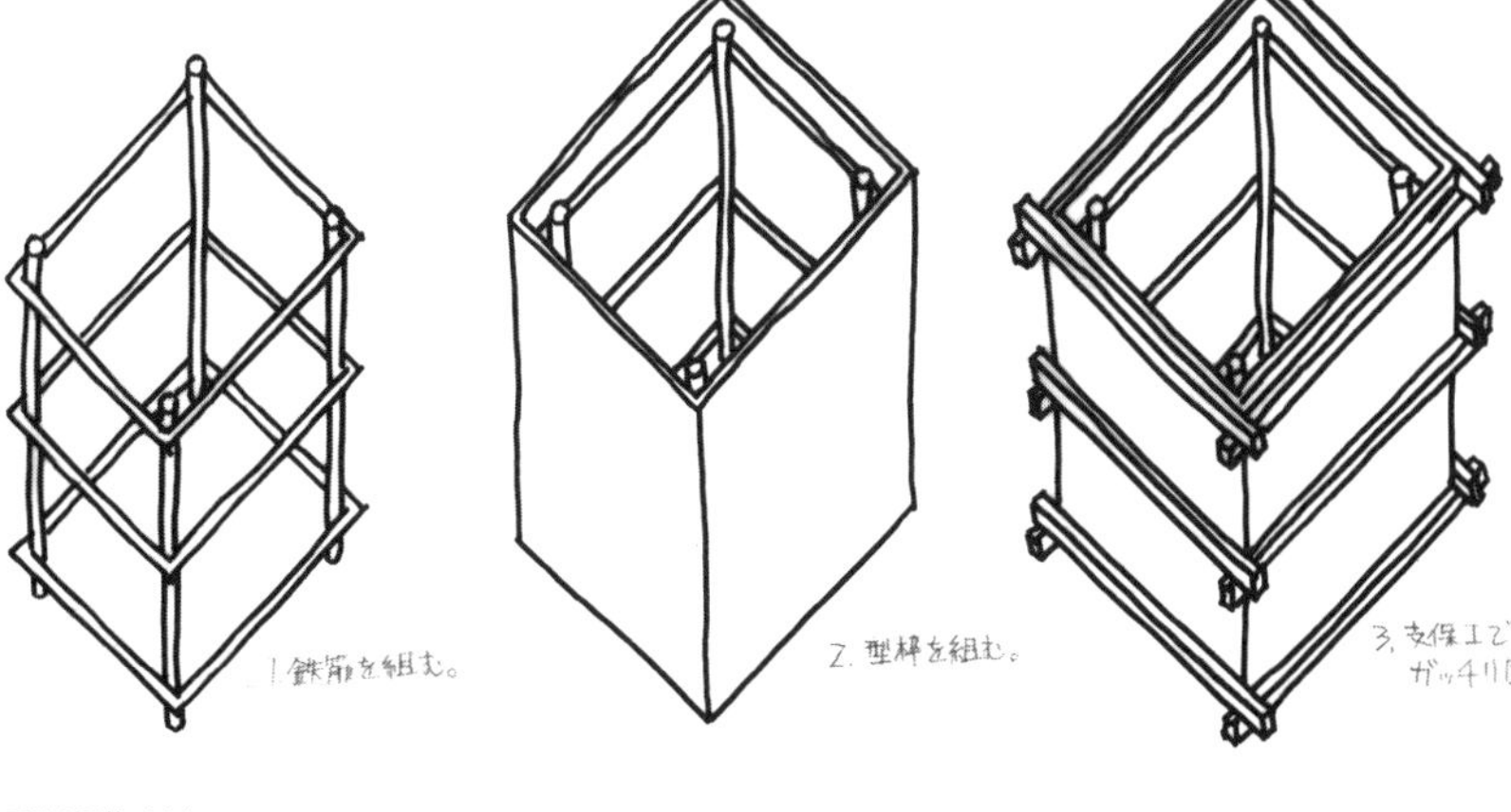

配筋と型枠づくり

ころに鉄筋が入り組んでいるのに加え、鉄筋が床や梁の重みを十分支えられるように、強度を考える必要があるからだ。一本の鉄筋をどう入れるかで、思い悩んで二〜三時間かかってしまうこともある。

鉄筋を組み上げたら、その周りに型枠をつくる。いちばん単純なものでは、木で四角い枠をつくり、木の板を貼る。それで両側から鉄筋を挟めば、平らなコンクリート面を表現できる。コンクリートの表面に模様を入れたり、複雑な形をつくったりするときは、型枠に細工を入れる。それについてはまた後ほど紹介したい。

型枠ができたら、その外側から鉄パイプで締め上げる。コンクリートが固まるまでのあいだ、コンクリートの重みや圧力を支え、型枠の形を保つためだ。この部材を「支保工《しほこう》」と呼ぶ。梁や床、天井のコンクリートを打つ場合は、コンクリートの重みで型枠が下にたわまないようにする役目もある。

そこまで終えたら、次がようやくコンクリートを練る作業だ。

コンクリート現場練り

コンクリートに使うセメントは、水を混ぜた瞬間から化学反応によって固まりはじめる。鉄筋・型枠・支保工を組むまでは、それぞれ数日ほどの時間がかかるけれど、コンクリートを打つ作業はタイムレースだ。

まず、その日打つコンクリートの量（体積）に合うように、セメントと砂とジャリと水の分量を計ってかき混ぜる。鍬《くわ》やスコップを使って人力でコンクリートを練り上げたことも数回あるが、これは結構な重労働だ。ほとんどはミキサーを使って練り上げる。

できたコンクリートは、「箕《み》」という大きなちりとりのようなものに鍬で取り分け、型枠まで運んで流し込む。最初はバケツを使っていたけれど、口が狭くて使いづらく、箕に落ち着いた。

型枠に入れたコンクリートは、「バイブレータ」と呼ばれる機械を使い、振動を加えて型枠内の隅々まで行き渡るようにする。それが、「締め固め」と呼ばれる作業だ。鉄筋を配した型枠内に、ドロッとしたコンクリートを入れただけでは、コンクリートが隅まで行き渡らず、「ジャンカ」と呼ばれる空洞ができてしまうことがある。そうなっては十分な強度が出ない。

この現象は、硬いコンクリートほど起きやすい。そのため、水分の少ないコンクリートを使う「蟻鱒鳶ル」の現場では、入念にバイブレータをかける。建築現場で軟らかいコンクリートが好まれ、水増しがされるひとつの理由は、この作業の手間を省き、ジャンカが起きにくいようにするためだ。

現場にあるミキサーで一度につくれるコンクリートの量は〇・〇五立米。箕に一〇杯ほどの分量だ。混ぜたコンクリートは素早く打たないと固まりはじめてしまう。だから、どうしても人手が欲しい。コンクリートを打つ日は友人・知人に声をかけ、数人がかりで作業をする。

一日で打てるコンクリートは、作業人数にもよるけれど、多いときでミキサー二〇回分ぐらい、一立米程度がいいところだ。ミキサー三〇回を何度か試したことがあるけれど、作業が大変すぎた。二〇回分を打つのもなかなかハードで、普段はミキサー一〇回分ぐらいに抑えるようにしている。ミキサー二〇回分でできるのは、厚さ二〇センチ、幅五メートルの壁が高さ一メートル分ほど。ワンフロアのひとつの壁にもまったく足りない。

鉄筋を組み、型枠をつくり、コンクリートを練って打設する——。このローテーションを一回まわすのに、だいたい一週間はかかる。それに加えて、高所での作業のために足場を組んだり、雨が降ってコンクリート作業を日延べしたりしていると、一カ月に三回コンクリートが打てればいいほうだ。

雨でコンクリート作業を日延べするのは、雨が降るとコンクリートに水が混入し、計算していた水分配合が変わってしまうためだ。世の建築現場では、雇った人を遊ばせるわけにはいかないから、日延べするようなことはしない。雨が降っても、コンクリート打設作業は予定どおり行われる。当然、雨水が入り込んだコンクリートは、水分量が増えることになる。

次から次へ、コンクリートを打っていければ作業もぐいぐい進むのだろうけれど、実際はそうはいかない。コンクリートは、むしろ打ってからのほうが、時間がかかる。理想的には、数週間かけてコンクリートをしっかり固めたい（これを「養生《ようじょう》」と呼ぶ）。

コンクリートが固まった頃合いを見計らい、型枠を外す。コンクリートのお目見えだ。

このときが、作業のなかでもいちばん楽しい瞬間だ。狙った形がうまく表現できていると、小躍りするほどうれしくなる。

コンクリートが宙に浮いた！

時折、僕は現場でおおいに思い悩む。ある場所をどうつくるべきか、はたと分からなくなることがある。デザ

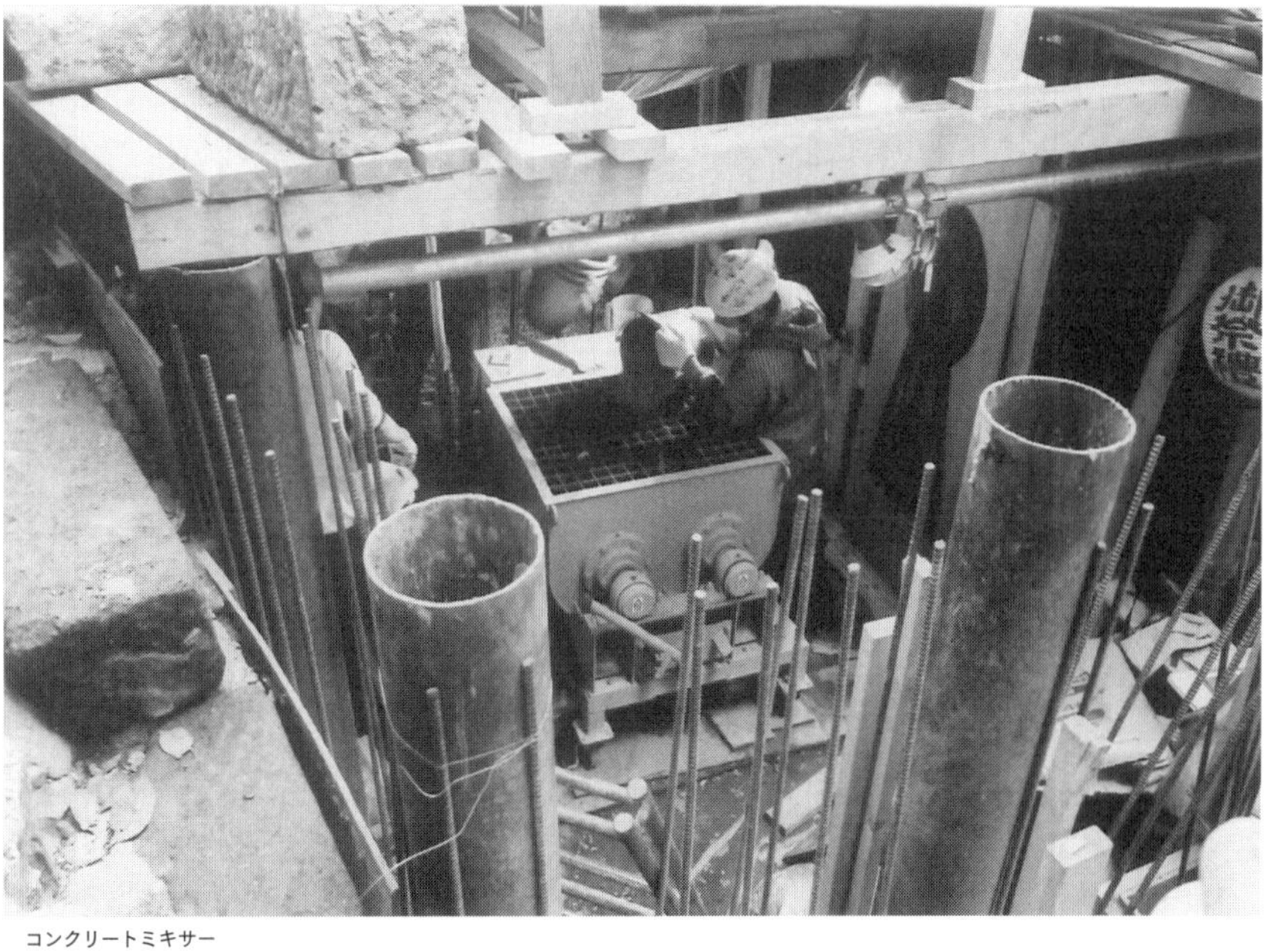

コンクリートミキサー

インをどうすべきか、どうすれば理にかなう道筋でつくれるのか……。そうしたことが見えなくなることもあれば、建築について理解していたつもりのことが、「つもり」でしかなかったと、ふと気づかされることもある。

二〇〇七年夏ごろ、地下室をつくっているときにはこんなことがあった。

壁が少しずつ背を伸ばし、床をつくる段取りをぼちぼち考えはじめたときのことだ。ふと、コンクリートで床をつくることに、怖さを感じた。その重量は、何トンにもなる。そんな重たいものが、壁の支えだけで宙に浮くなんて、体感としてにわかに信じられなくなってきたのだ。

僕は学生時代に建築を学び、鉄筋コンクリートの建築現場で合計七年ほど、職人仕事を経験してきた（木造住宅建築も入れれば一〇年ほどになる）。鉄筋コンクリート建築で床をどうつくるべきかや、床が宙に浮いていられる構造上の理屈は学生時代に学んでいたし、現場で何度も鉄筋コンクリートの床をつくってきた。それなのに、自分の現場でいざ床をつくろうとしたら、不安でたまらなくなったのだ。

そこでまず、床をつくる練習として梁をつくることにした。普通は梁といえば床や屋根の荷重を支える構造部材のことを指すけれど、このときつくろうとしたのは、構造的には必要のないものだ。幅一八センチ、厚さ三七センチ、長さ二・五メートルほど。梁の上でごろりと寝転がれるように、枕代わりの瘤《こぶ》をつくった。

梁の重量は、約四〇〇キロ。これをつくれなければ、床をつくることなど到底できない。不安を胸いっぱいに感じながら、作業に取りかかった。

水平の梁や床をつくるには、その重力を、壁や柱が受け止められるようになっていなければならない。両端の壁からあらかじめ水平に出しておいた鉄筋を、主筋とあばら筋でつないでいく。

この現場で初めての、小さな梁の配筋は、慎重に作業を進めた。強度を読み違えれば、コンクリートの重みを鉄筋が支えきれなくなってしまう。計算上必要な鉄筋の量を確認しながら、鉄筋どうしを針金で丁寧につなぐ。構造部材でもない小さな梁の配筋は、結局、数日がかりの作業となった。

この梁は、瘤を除けばシンプルなデザインだ。最初の練習用の梁に、あれこれデザインを盛り込む心の余裕も、それを表現するだけの型枠をつくる技術もまだなかった。とにかく梁として成立させることを最優先に、シンプル

初めて打った梁

な型枠で鉄筋を覆う。その型枠の外側に、固まる前のコンクリートが重みで落ちてしまわないよう、柱代わりの支保工を、地面に向けて垂直に何本か打ち込んだ。

そこまで作業を終えたら、次がいよいよコンクリート打設だ。箕で型枠に、コンクリートを流し込んでいく。型枠内のコンクリートの量が増えるに従い、土をそのまま残した地下室の床面に、支保工が重みで食い込んでいく。

梁は、果たして重力に耐えきれるだろうか……。

支保工があるうちは、梁が折れるようなことはない。あとはキレイに固まってくれることを祈るだけだ。

数週間後、コンクリートが固まったのを確認し、支保工と型枠を外す作業に取りかかる。

もし、梁が重みで折れてしまったら、この支保工を外した途端にコンクリートの下敷きだ。

深く息をつき、おそるおそる支保工を外してみる。

ひとつ、またひとつ……。頭上のコンクリートはビクリともしない。

安心感が少しずつ広がり、そうして最後の支保工を外す。

大丈夫――。

僕が打ったコンクリートの梁は、壁からニョキッと手を伸ばしたように宙に浮いている。

（よし！）

腹の底から悦びがこみあげてくる。

しばらく眺めていると、その梁に乗ってみたくなった。いったん地上に戻り、靴も靴下も脱いで、裸足で梁の上にそっと足を乗せる。

両足を乗せても、梁はビクともしない。大地のようにどっしりと、僕の全体重を受け止めてくれる。足裏からは、コンクリートのひんやりとした質感が伝わってくる。その感触を全身で味わいたくなって、梁の上にごろりと寝転んだ。

戦争しないで領土拡張！

この建物で、僕が初めて手がけた床は、一階から二階へ向かう中二階の床だ。面積にして二畳ほど（三・三平米）、階段の踊り場みたいなものだ。二〇〇八年夏に、この床をつくった。

この中二階は、「蟻鱒鳶ル」の玄関だ。一階は、妻が北欧フィンランドの家具や雑貨の店を開く準備を進めていて、その店舗として使う予定だ。僕ら夫婦は、二階から上で生活する。その手前の中二階に、玄関を設けたというわけだ。ちなみに、地下は何に使うかまだ決まっていない。

一階よりも先に、中二階の床を手がけたのは理由がある。一階の床面積は二〇平米近く。梁で練習をしたとはいえ、大きな床をつくるのはやはりまだ恐ろしかった。

中二階の玄関はうねうねとした形にした。「植物の葉が水面に浮いているような」、あるいは「地球に陸地ができあがるような」イメージで型枠をつくった。架空の星で自分が神になったとして、陸地をつくり出すような気持ちで、海から半島あるいは岬がボコッと隆起してきた形の床をつくりたいと思ったのだ。

このときの型枠には、プラスチックの波板を使った。知り合いのおじさんからたまたま譲り受けたものをデザインしたのだ。

コンクリートを打つときは、いつにも増して緊張した。夜になり、布団に入っても、うまくできたか気になって仕方がない。

翌朝、いつもより早く目が覚める。いそいそと現場に足を運び、いの一番にコンクリートの状態を確認してみたら、一晩で、床面はピシッとキレイに固まっている。

（うぉっ、おぉー）

うれしくなって、近所のコーヒー屋まで小走りに駆ける。テイクアウトのコーヒー片手に戻ってくると、靴を脱ぎ、打ちたてほやほやのコンクリートの床にそっと足を乗せる。床はビクともしない。そのまま床に腰を下ろし、あぐらをかいて座ってみた。自然と背筋がシャンと伸びる。

そのときの気分は、戦に勝って新たな領土を手にした戦国武将のようだった。むしろ、それよりすごいことを成し遂げた気さえした。なんとなれば、僕はこの新たな領地を戦争することもなく、一滴の血も流すことなく獲得したのだから。

　思えば、二五平米の建築面積が延べ床面積で一〇〇平米になるのは、領土拡張以外のなにものでもない。それは図面上では一目瞭然だ。誰とも争うことなく、この手で自分の領土を増やしたたしかな実感は、建築の力や可能性をあらためて気づかせてくれた。

　鉄筋コンクリートで初めて建築をつくった先人も、僕と同じような感動を味わったに違いない。この「つくる悦び」が、僕を前へと進ませてくれるのだ。

タモリさんご来場

「蟻鱒鳶ル」がようやく地上に顔を出しはじめたころ、予期せぬ事態が降って湧いた。

　二〇〇九年一月、大手不動産会社の人が「蟻鱒鳶ル」の現場を突然訪ねてきた。聞けば、田町駅周辺の三田三

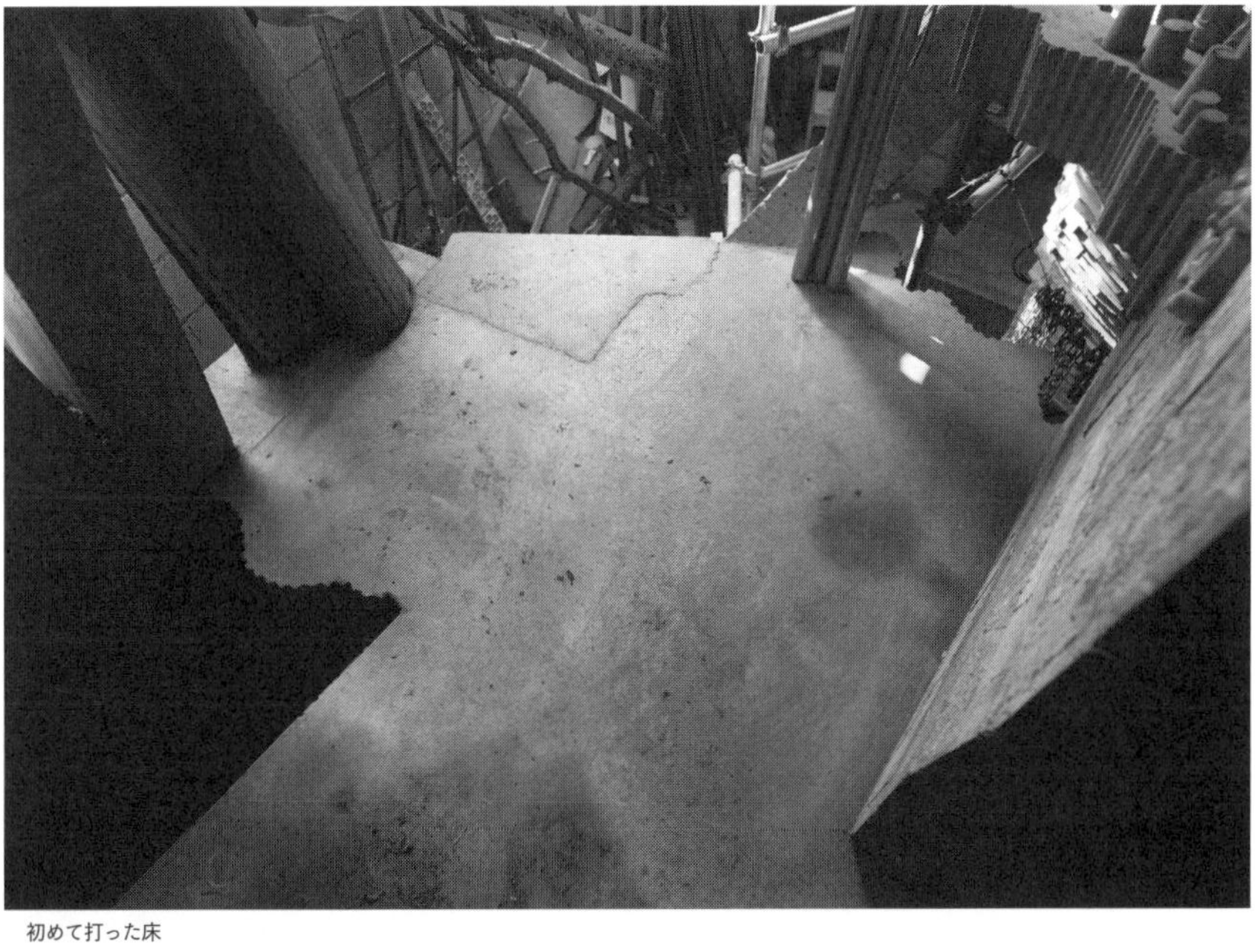

初めて打った床

丁目・四丁目で再開発の計画が動き出し、「蟻鱒鳶ル」の敷地がエリアに入っているという。相応の補償はするから、ここから立ち退いてくれというのだ。

そんな話を「はい、そうですか」と受けいれるわけにはいかない。やっとの思いでつくりはじめた建築だ。立ち退きを逃れるため、友人の弁護士のアドバイスに従って、世論を味方につける作戦を実行に移したら、少しずつメディアが注目してくれるようになった。最初にメディアに出たのは、二〇〇九年一二月の東京新聞の記事だ。その後、テレビや新聞、雑誌などのメディアが「蟻鱒鳶ル」を取り上げてくれるようになった。

『タモリ倶楽部』でタモリさんにいじられたのはいい思い出だ（二〇一三年一一月放映）。「蟻鱒鳶ル」の入り口付近には、タモリさんがコンクリートを打ったところもある。

そういうとき、僕が「三田のガウディ」と紹介されることもある。発明好きのおじさんを、「下町のエジソン」と親しみを込めて呼ぶような感じだろうか。

「蟻鱒鳶ル」の各所には、ぐにょぐにょした装飾がある。それが、ガウディの不思議な形をした建築と重なって見えるのかもしれない。完成までに長い時間がかかっていることも、一〇〇年も建設が続くガウディの「サグラダ・ファミリア」を連想させるのだろう。

けれども、僕だって好きで一〇年もつくり続けてきたわけではない。この建物ができあがるのをずっと待ち続けてくれている妻のためにも、心配をかけ続けている妻のご両親や僕の母親のためにも、一刻も早く完成させたいと日々思っている。

メディアに取り上げてもらえた影響で、応援してくれる人も増えた。今のところはどうにか立ち退きを回避できてはいる。だが、このあとどうなるかはまだ予断を許さない状況だし、二〇一五年夏ごろからは、再開発への対応で、建築作業が実質的に止まっている。

東日本大震災を乗り越えて

建物の通りに面する部分を、建築用語で「ファサード」という。建築の「顔」になるところだ。

「蟻鱒鳶ル」の一階部分のファサードが形になりはじめたのは、二〇一一年も春の気配が感じられるようになったころだ。まさにそのころ、建築中の「蟻鱒鳶ル」は東日本大震災に遭遇した。

三月一一日の午後二時四六分、東京は震度5弱の揺れに見舞われた。そのとき僕は現場にいた。手伝いに来てくれていた二〇代の若者と一緒に、しばしの休憩を取っていた。

——ガシャガシャーン

隣のマンションから、何かが壊れたような音が聞こえてくる。近くで工事中の高層ビルのてっぺんでは、二基のクレーンがぶつかり合っているのが見える。「蟻鱒鳶ル」も、嵐に見舞われた小舟のように、グワングワンと揺れた。

「岡さん、逃げましょう！」

一緒にいた若者が大声で叫ぶ。

「いや、ここがいちばん安全だから」

そう言葉を返して現場にとどまったものの、内心では不安だった。崩れることはないにしても、どこかにヒビが入るのではないか。ねじれるように伸びる二本の柱がポッキリ折れても仕方がないと覚悟した。

（壊れるなら、どこがどう壊れるのかをこの目でしかと確かめたい）

その思いで、揺れが収まるのを待っていた。

結局、「蟻鱒鳶ル」は無傷だった。ダメかもしれないと覚悟していた柱には、ヒビひとつ入っていなかった。

この日、僕は「蟻鱒鳶ル」の強さを体感した。いちばん弱いと思っていた場所が、何事もなかったように地震を乗り越えたのだ。「『蟻鱒鳶ル』は二〇〇年もつ」とは言われていたものの、二〇〇年という長い時間を、具体的に想像することは難しい。それだけの時の流れを耐えると言われても、どうにもピンと来ていなかったが、この日をきっかけに、「蟻鱒鳶ル」のコンクリートの強さに確たる自信を持てるようになった。

二〇一二年四月、二階の壁がひととおり完成し、三階の壁に取りかかる。並行して、二

○一三年六月には二階の天井すなわち三階の床を打設した。

二階は僕ら夫婦の寝室だ。ベッドに寝転がっているときに、眺めるものがあれば楽しかろう。そう思い、ベッドを置く場所の天井に、ボコボコとさまざまな模様をあしらった。柱の天井部分（柱頭）は、岩から削り出したようなゴツゴツとしたデザインにした。そして、壁には開口部をつくり、寝転びながら通りを行く人や、向かいにあるお稲荷さんをお参りする人を、ぼんやり眺められるようにした。

天井の模様は、型枠の板に穴を開け、ビニールハウスに使う丈夫な農業用ビニールを張り、コンクリートの重みでビニールが少し膨らむようにしてつけた。開口部の形は四角ではない。不定形の窓をどうするかは、躯体ができてから考えるつもりだ。

三階にもなると、コンクリート打設の技術も向上し、施工のアイデアの幅も広がっている。たとえば、型枠の

寝室の天井

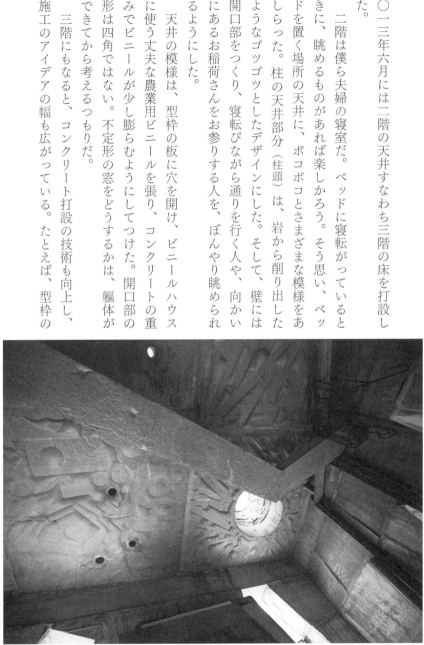

側面に角材を適当に打ち込み、ビニールでぐるりとくるむ。すると、角材のない箇所は、コンクリートの圧力でぷっくり膨らむ。それが、コンクリートの壁面に表情をつくる。三階は、僕らの住まいの居間と台所にする予定だけれど、壁を見ているだけでも楽しめる空間になりそうだ。

第二章

人がつくる魔法の石

コンクリートは「魔法の石」

「蟻鱒鳶ル」の現場でコンクリートを練ったり型枠に打ったりしていると、いつも「自分で石をつくっている」ような気分になる。そう思うのは、固まったコンクリートが石のように硬くなるからだけではない。

コンクリートは、セメントと砂とジャリに水を混ぜてつくる。セメントは、ほぼ石灰石からできている。砂やジャリは、昔は川から採ってきたものを使っていたけれど（何十年も前の話）、環境保護の必要性から、それができなくなった。そのため今では、石を細かく砕いたジャリや、海辺の砂浜の砂を使うのが一般的だ（これは第一章で触れたとおりだ）。

「蟻鱒鳶ル」では、真面目な生コンクリート屋のトウザキさん（江戸川区）から、石灰石を砕いた砂とジャリを仕入れて使っている。つまり、「蟻鱒鳶ル」のコンクリートの原材料は、セメントも砂もジャリも、元を辿ればすべて石灰石だ。それに水を混ぜ合わせ、水とセメントの化学反応の働きで、硬いコンクリートの塊をつくっている。

これは、もともと石だったものを、人の手でもう一度石に戻すようなものだ。人工的に石灰石を復元しているに等しい。だからこそ、現場でコンクリートを練ったり打ったりしていると、自分の手で石をつくっているような気持ちになってくるのだ。


「人工の石」たるコンクリートが、自然の石と大きく違うのは、人間が思うように好きな形を生み出せることにある。

コンクリートは、ゼリーをつくるのと同じように、軟らかい「生コン」を型枠に流し込んで形をつくる。つまり、型枠で表現できる形であれば、どのような形のものでもつくることができるわけだ。

たとえば僕は、現場で余ったコンクリートを、おかしの型に入れていろんな形をつくったり、ペットボトルに

「蟻鱒鳶ル（小）」たち

入れて固めて「蟻鱒鳶ル（小）」をつくったりして遊んでいる。

こんなふうに、生コンを受け止める型さえあれば、人はコンクリートで自在に形を操ることができる。コンクリートの建築というと、安藤忠雄さんのようなツルッと真っ平らな打ちっ放しのコンクリートの壁や床を思い浮かべる人が多いかもしれないけれど、型枠の形を変えれば、平らでないコンクリートをつくることも造作ない。曲面だろうが凹凸があろうが、型枠で表現できるものであれば、自由自在に形を生み出すことができる。コンクリートは、無限の可能性を持った建材なのだ。

明治・大正・昭和初期に多くの寺社建築を手がけた建築家の伊東忠太《いとうちゅうた》（一八六七－一九五四）は、鉄筋コンクリート造をよく採用している。彼の代表作である「築地本願寺」（一九三四）は、関東大震災で消失した寺院を、鉄骨鉄筋コンクリート造のインド風の建築様式として生まれ変わらせたものだ。丸みを帯びた独特の屋根の形状は、自在に形を変えるコンクリートならではのものだ。伊東は、「コンクリートの良さは、どんな形でもつくり出せることにある」という言葉を残している。

僕も、変幻自在なコンクリートで造形を楽しんでいる。ボコボコ凹凸のある壁や、ぐにょぐにょした形の床や梁をつくってみたり、壁や天井に模様を入れてみたり……。

自分が自在に形を操っている感触は、何度やってもまるで「魔法」のように思える。そう、コンクリートは、人が自在に形を生み出す「魔法の石」なのだ。

古くて新しいコンクリート建築

ただ、この「魔法の石」も、単体では弱点がある。圧《お》される力にはめっぽう強いものの、曲げや引っ張りには弱いのだ。

その弱点を補うため、コンクリートを、曲げや引っ張りに強い鉄と合わせて使う方法が考え出された。今から一五〇年ぐらい前、一九世紀半ばのことだ。

そのころ、ヨーロッパやアメリカで、コンクリート（あるいはセメント）と鉄を組み合わせて使うアイデアや技術が次々と生まれてくる。当初は、鉄筋コンクリート製の船（！）や、「モルタル」と鉄筋を組み合わせた植木鉢のようなものがつくられた（モルタルとは、セメントと水と砂を混ぜてつくるものだ。すなわちジャリを含まない）。そして次第に、「鉄筋で補強した（Reinforced）コンクリート（Concrete）」で建築がつくられるようになってくる。

コンクリートそのものは、何千年も前から使われてきた長い歴史があるけれど、鉄筋コンクリート（RC）で建築をつくる技術は、まだ一〇〇年やそこらしか経ってはいない。この新しさは、コンクリートの可能性の大きさを示していると僕は思う。

日本の木造建築の歴史を振り返ってみても、昔につくられた建築は、伊勢神宮のお社《やしろ》のように、まるで建築を成り立たせることだけに焦点を当てたかのような、シンプルでスパッとしたデザインになる。それが何百年と時間が流れるなかで、仏教建築や城郭建築のように、木組みが複雑になって多様な建築が生まれてきた。鉄筋コンクリートの建築は、木造建築で言えば、ようやく伊勢神宮に辿り着いたようなものだ。安藤忠雄さんがつくるスッとしたコンクリート打ちっ放しが、決してコンクリートの最終形ではないはずだ。鉄筋コンクリートの歴史はまだまだ始まったばかり、そこには大きな知られざる可能性が残されていると僕は思う。

ここで少し、コンクリートそのものの歴史を振り返ってみよう。

発見されているなかで最も古いコンクリートは、今から約九〇〇〇年前、紀元前七〇〇〇年ごろのものだ（ただし、そのころのセメントは、現代のものとは成分や製法が異なっている）。それは、イスラエルのイフタフという場所で見つかったコンクリート製の床だ。次に古いのが今から約五〇〇〇年前（紀元前三〇〇〇年ごろ）のもので、中国・黄河流域の内陸部から見つかっている。これもやはり床なのだそうだ。

今から四五〇〇年前ぐらいに多くつくられたエジプトのピラミッドにも、積み上げた石材を充填する目地材《めじざい》として、モルタルが使われている。一つひとつの石材も、実はコンクリート製なのではという説もあるらしい。

古代のコンクリートでいちばん有名なのは、今から二〇〇〇年ほど前に繁栄したローマ帝国で使われたコンクリート、通称「ローマン・コンクリート」だ。コロッセウムやパンテオンなど、世界中から観光客を集めるローマの遺跡は、このころにつくられたものだ。

ローマ人のコンクリートに関する発明は大きく二つある。それまでのコンクリート（正確にはセメント）は、乾燥させることで固めていたが、ローマ時代に水と反応させる製法が確立された。もうひとつの発明は、コンクリートをアーチ工法に活用したことだ。それにより、ドーム型の建築や大規模な建築が可能になった。

ローマのパンテオンに見た、「建築欲」の大爆発

二〇一六年の終わりごろ、ローマを訪ねる機会があり、パンテオンにも足を運んだ。だが、見ても正直、何のためにつくられた建物かはよく分からなかった。ローマの神々を祀《まつ》る神殿と言われ、実際中に入ると祈りの場のような雰囲気は感じさせるものの、僕にはそれがとってつけた言い訳のように思えてならなかった。

パンテオンと言えば、ローマン・コンクリートならではの、直径四三・二メートルもの巨大なドームが有名だ。その現物を生で見ると、その迫力たるや凄まじい。

広い空間ドーン！

そして、ドームのてっぺんに開いた丸い天窓からは空が見え、光が差し込んでくる。

パンテオンに足を踏み入れた僕が感じたのは、ほとんどこの二つのことだけだ。なぜ、ローマの人はこんなどでかいドームと天窓をつくったのだろう。ローマ人になったつもりで考えてみると、その答えは、とてもシンプルな感情ではないかと思えてきた。

ローマン・コンクリートは、当時の最新技術、最新工法だ。

「この新技術で、とにかく何でもいいから、どでかいものをつくってみてぇよな」

「だったらドームだろ！　アーチをぐるっと半周させればドームになるっしょ」

「お、いいねぇ。それならよ、いっそのこと要石《かなめいし》も外して天窓つくるってのはどうだ？　アーチを要石抜きでつくるのは構造的に無理だけど、ドームならイケるっしょ。左右のコンクリートが支えになるから構造的にももつだろ」

「それ、たしかに行けそうだしおもしれぇな。今度つくるのは神殿なんだろ？天窓から光が入れば、祈りの場っぽいもんな。よし、それでちょいと行ってみるか」

ローマの工人たちは、こんなふうにパンテオンの設計を決めたのかもしれない。

神殿というのは、僕にはこじつけのように感じられた。コンクリートという新技術のすごさを示す、何か圧倒的なものをつくりたい。その結果が巨大なドームであり、要石を外してつくった天窓だったのではないかと思う。

僕が感じたパンテオンとは、二〇〇〇年前のローマ人たちのつくる悦びをまっすぐに表現した建築だ。新たな技術でどでかい建築をつくってみたくてたまらない。そういう大爆発した「建築欲」が、二〇〇〇年の時を超え、多くの人に愛される建築をつくり出したということなのだろう。

僕も「蟻鱒鳶ル」を、つくる悦びや建築欲をバカがつくほどまっすぐに表現してつくりたい。そして、長く多くの人に愛される建築になってほしい。パンテオンは、僕にそう思わせてくれた。

話を歴史に戻すと、現代に直接つながるセメントは、今からだいたい二〇〇年前、一九世紀の英国で生まれた。一八一一年に現代のセメントの原型がつくられ、一八二四年に「人工石製造方法の改良」という特許が成立している（やはりコンクリートは「人工の石」なのだ！）。それから半世紀ほど経って、コンクリートは鉄と出会い、鉄筋コンクリート造の建築が生まれてきたというわけだ。

「木の文化」を持つ日本には、明治時代に数々の西洋文化とともに、鉄筋コンクリート建築が「石の文化」の発展形としてやってきた。セメントそのものは江戸時代の終わりに（一八六五年ごろ）日本にもたらされ、明治時代も半ば、一九〇〇年前後に、鉄筋コンクリートの建造物がつくられるようになった。

そのころつくられた鉄筋コンクリート構造物で、今も現役で使われ続けているものがある。明治三〇年代から四〇年代にかけて（一八九七年から一九〇八年にかけて）、北海道の小樽港につくられた防波堤は、一〇〇年を過ぎてなお、外海から押し寄せる荒波から港を守り続けている。

コンクリートに魅せられて

僕が鉄筋コンクリート建築に魅せられたのは、高専で建築を学びはじめたころのことだ。九州・筑後《ちくご》の温泉街で育った僕にとって、建築と言えば木造を指すものと決まっていた。ところが高専の授業では、それまで見たこともない鉄筋コンクリート造の壮麗で美しい数々の建築を、「これでもか！」とばかりに次々と見せられた。ほとんど洗脳に近い状態で、僕はコンクリート建築に「恋」をした。

なかでも、二〇世紀を代表する建築家のひとり、フランスのル・コルビュジェのコンクリート建築は、僕の心をがっしりと捉えた。コルビュジェの建築が醸し出すコンクリートの風合いに、僕はうっとりと見惚《みと》れてしまった。

時代は一九八〇年、今は亡き忌野清志《いまわのきよし》郎《ろう》が率いるバンド「ＲＣサクセション」が、注目を集めはじめていたころだった。「ＲＣサクセション」の音楽に、清志郎の歌声に、心揺さぶる歌詞に、僕も夢中になっていた。

そんな一五歳の僕が、建築を学びはじめて鉄筋コンクリートと出会い、その呼び名が

「RC（Reinforced Concrete）」であることを知る。なんと、自分が惚れ込んだものの両方に、同じ名前がつけられているなんて！　妙にうれしくなって、あることを思い付いた。

（「RCサクセション」をもじって「RC作製所」っていう会社をつくれたら素晴らしいな。ようし、オレはRC建築の鬼になって、清志郎やコルビュジェみたいに人の心を揺さぶる建築をつくってやるぞ）

一五歳なんて、要するにほんの子どもだ。子ども時分に心奪われたものに、人生を懸ける人は少なくない。僕にとってはそれが、鉄筋コンクリート建築だった。人が音楽にはまり、映画にはまり、本やスポーツにはまるのと同じように、僕は鉄筋コンクリート建築の虜《とりこ》になったのだ。


僕が「蟻鱒鳶ル」を鉄筋コンクリートでつくるのには、間違いなく当時の影響がある。だが、それだけがすべての理由ではない。もうひとつ、大きな理由を挙げるとすると、それは〈即興〉で建築をつくるためだ。

「魔法の石」たるコンクリートは、型枠次第で形を変えられるし、鉄筋も、一本ずつなら人の手で曲げることができる。現場で形をつくり出せる、融通無碍《ゆうずうむげ》な鉄筋コンクリートだからこそ、「〈即興〉の建築」が可能になるのだ。

また、コンクリートでなければつくりきれない現実的な理由もあった。

東京・三田のような都会の真ん中では、木造建築をつくるにしても、木の風合いを感じさせる木造らしい建築をつくることはできない。都会では建築基準法の防火規定が厳しく、建物の構造は木造でも、柱や梁、外壁や内装は、火事が起きても激しく燃えないように、不燃性あるいは難燃性の素材でそっくり隠してしまわなければいけないからだ。

そのことに、僕は強い抵抗があった。まず、素性を隠して建築をつくるのが、どうにも気持ちが悪くて仕方がないし、不燃性の素材には、木の柱や壁の上から接着剤でベタベタと張り付けるものが多く使われている。

僕は建築現場の職人仕事をしていたころに、化学物質の吸いすぎで化学物質過敏症を発症したことがある。内外装にそうした化学物質入りの素材を使うと、今は収まっている症状が再発してしまうかもしれない。化学物質過敏症でひどい思いをした僕としては、肉体的にも心理的にも、木造という選択肢は取り得なかった。

さらに、木造で耐震規定をクリアできるような建築を、ひとりでつくりきるだけの技術が僕にはなかった。仮に木造でつくるにしても、基礎や地下の部分は、建築基準法の規定や構造上、鉄筋コンクリートでつくる必要がある。そうすると、結局それについての勉強も必要で、二つの異なる技術体系を混在させる理屈や構造までも考えなければならなくなる。さすがに僕の力では、そこまで対応できると思えなかった。

鉄筋コンクリートなら、防火規定を気にすることはない。耐震規定も、木造よりはシンプルに考えられそうだ。化学物質をあちこちベタベタ使う必要もない。そして、鉄筋コンクリートにすれば、基礎から軀体まで、ひとつの技術で建築を成り立たせることができる。一五歳からの思いと、それから二五年経った自分の〈即興〉建築への思い、さらにはいくつかの現実的な理由から、僕は「蟻鱒鳶ル」を鉄筋コンクリートでつくりはじめた。

安藤忠雄はなぜ「世界の安藤」になれたのか

鉄筋コンクリートの建築家というと、安藤忠雄さんが世界的に有名だ。

鉄筋コンクリートの虜になった僕は、初期のころから安藤さんの建築を見続けてきた。いっときは、「僕のほうが安藤さんより安藤忠雄らしい建築をつくれる」と思うほど、安藤さんの建築を自分なりに研究してきた。

そのうち、安藤さんがなぜ「世界の安藤」になれたのか、僕なりにひとつの考えに至った。

安藤さんが、独学で建築と向き合ってきたのは有名な話だ。だからこそ安藤さんは、シンプルで知識や技術を習得しやすい鉄筋コンクリートを選んだのではないかと思う。鉄筋コンクリートはひとつの技術で建築を成り立たせることができる。

一方、日本のほとんどの建築家は、大学で師匠について建築を学ぶ。そして、師弟関係を通じてさまざまなものを受け継いでいく。

あるとき、大学のとある研究室を訪ねていて、お弟子さんの建築家の方から電話がかかってきた場面に居合わせたことがある。聞けば、その方が建築家として独立されて最初の設計を引き受けられたとのことで、安心して仕事を任せられる構造家（構造設計者）や施工業者を紹介してほしいという電話だった。

すると、お師匠さんの先生は、「あいつに構造家の▲▲さんの連絡先と、ここところの業者の連絡先を教えてやってくれ」と、研究室にいる学生さんに指示を出されていた。師匠が築いてきた建築家と構造家、施工業者のチームワークが、そっくりそのまま、弟子へとチームごと引き継がれていくわけだ。

事実、師弟がつくる建築はその多くが似ている。それには、考え方や発想の影響を受けているだけではなく、師匠と同じ構造家や施工業者を引き継いでいることも大きく関係しているはずだ。

安藤さんや僕のように、大学で建築を学んだことがない人は、そういうこととは無縁だ。

木造や鉄骨造りの建築は、さまざまな技術と材料の複合体だ。基礎のコンクリートを打ち、木や鉄骨の柱と梁で骨組みをつくったあとは、壁や床、屋根を何らかの材料でつくる必要がある。ひとりでそのすべてに精通し、腕のいい施工業者や構造家を選び、全体を束ねていくのは難しい。

それが鉄筋コンクリートなら、基礎や構造を支える壁、床や屋根をすべてひとつの材料と技術でつくっていける。ひとつの技術で建築の形をつくり上げることができるから、ひとりで建築の全体像を把握しやすい。だから、鉄筋コンクリートの理屈と技術を徹底して学べば、どうにかこうにかひとりで建築を成り立たせることができる。

安藤さんが「世界の安藤」になれたのは、ここに大きな理由があると僕は思う。

師匠から建築をつくるチームごと引き継いだ建築家が、いざ世界に打って出ようとしても、日本の外までそのチームを連れて行くことはまずできない。日本の外で、自分が日本でやってきたのと同じレベルのチームを築くのも簡単ではない。

鉄筋コンクリート一本に絞れば、世界を近くに手繰り寄せることができる。

日本の外で、そこだけをなんとかしてくれる相手を見つければ、日本でやってきたのと同じようなレベルの建

安藤忠雄「六甲の集合住宅」のスケッチ

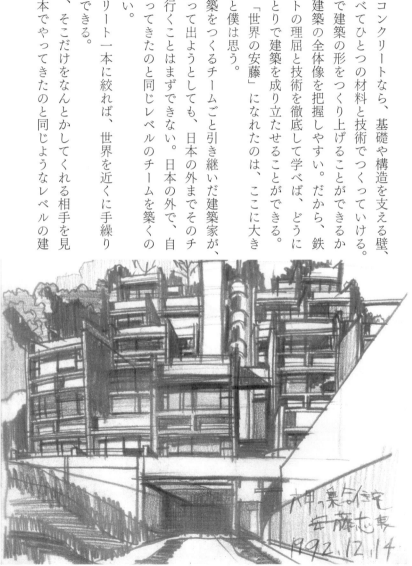

築をつくることができる。腕のいいコンクリート会社を見つけ、どうにか仲間に引き込めれば、世界でもどうにかやっていける。

おそらく、そこを突破できたからこそ、安藤さんは「世界の安藤」になれたのだ。

コンクリートの強さは水が決める

コンクリートは、セメントと水と砂とジャリを混ぜてつくる。セメントと水を混ぜ合わせたものを「セメントペースト」と言い、コンクリートは、セメントと水の化学反応によって固まる。コンクリートが固まるためには適度な水分が必要で、決して乾燥によって固まるわけではない。

コンクリートが固まる際、セメントに含まれるガラス質が水と反応して結晶をつくり、砂とジャリをガッチリと固定する。分かりやすく言うと、セメントペーストが接着剤となって、砂とジャリをつなぎとめるわけだ。

砂とジャリは、あわせて「骨材《こつざい》」と呼ぶ。それは、コンクリートの骨格を形づくるからだ。とくにジャリは、セメントペーストの結晶が固まる際の核となる。

コンクリートの強度や耐久性を左右するのが水分の割合だ。というよりも、つくられる結晶の硬さは、基本的にセメントと水の割合で決まってくる。そのため、水セメント比がコンクリートの強度や耐久性を決めていると言ってもいい。

なお、「強度」はコンクリートがどこまでの力に耐えられるかを示し、「耐久性」はコンクリートが一定以上の強度を保つ寿命のことを指す。強度の高いコンクリートほど耐久性も高くなることが研究で明らかにされている。

ただし、最近のコンクリートには、強度イコール耐久性とは必ずしも言えないものもある。超高層ビルに使われる「高強度コンクリート」は、樹脂性の薬剤等を混ぜて強度を高めているが、その薬剤の効果がどれほど持続するかはよく分かっていない。

話を戻そう。水はコンクリートが固まる際になくてはならないものだが、多すぎる水は、コンクリートの強度と耐久性を低下させる。セメントがどれぐらい水と反応するかというと、だいたいセメントの質量の四〇パーセントぐらいまでだ。それ以上の水分は、ガラス質の結晶が成長するのを阻害して、コンクリートを弱くしてしまう。この、ちょうどいい水セメント比の配合が、コンクリートの強度と耐久性を高めるわけだ。

今の生コンは、水セメント比六〇パーセント前後が主流だが、「蟻鱒鳶ル」は四〇パーセントより少し低い三七パーセント程度だ。ときおり現場を訪ねてくる建築やコンクリートの専門家は、この数字を聞くとみな驚きの声を上げる。

「えっ!? そんな数値でコンクリート打つなんて聞いたことないぞ。一〇〇年や二〇〇年は余裕でもつレベルだよね」

再開発への対応で実施したコンクリートの強度試験でも、それを裏付ける結果が出た。建築現場で使うコンクリートの強度（圧縮強度）は、一平方ミリメートルあたり二四〜三〇ニュートンの力に耐えられればよいとされる（「ニュートン」とは力の大きさを表す単位で、科学者ニュートンにちなんでつけられた）。「蟻鱒鳶ル」の壁からコアと呼ばれる試験体を抜き取って調べてみると、七八ニュートン。なんと、基準の三倍にもなったのだ。

ちなみに、「高強度コンクリート」の強度は一二〇ニュートンにもなると言われるが、この強度がどれだけ持続するかはよく分かっていない。


今の鉄筋コンクリート建築の法定耐用年数はだいたい五〇年だ。現実には、三〇年で劣化するコンクリートも多いと聞く。

建築がたかだが三〇年や五〇年しかもたないなんて、僕には到底受け入れがたいことだ。自分でつくった建築ぐらい、せめて一〇〇年はもたせられるようにしたい——。

コンクリートを生コン工場から買わずに、現場で練っているのもそのためだ。自分でセメントと水と骨材を混ぜ、コンクリートをつくればいい。そうすれば、コンクリートの強度と耐久性に直結する水セメント比を、自分で調整することができる。

問題は、水セメント比の数値だ。

僕はコンクリートが大好きだけれど、コンクリートの研究者ではない。自分で数値を決める根拠はどこにもなかった。僕が頼ったのは、ある公表されているデータだ。建築学会や土木学会は、コンクリートに求められる強度と成分配合の関係を、仕様にまとめて公開している。

それによると、土木工事でつくられるコンクリート製のダムは、最低でも一〇〇年使うことを前提に設計されている。そういうコンクリートに求められる水セメント比は、「三七パーセント」と書かれていた。

この数字に従えば、「蟻鱒鳶ル」も、少なくとも一〇〇年は耐えられる建築になるはずだ。それは、建築学会や土木学会が示す配合のなかで、いちばんいい品質のコンクリートをつくることを意味していた。

コンクリートは、いつから弱くなったのか

僕がコンクリートの強度と耐久性（寿命）にこだわっているのにはワケがある。早い話が、建築の耐久性の低さと、建築現場で使われる生コンの品質や施工法にずっと疑問を持っていた。

なぜ、鉄筋コンクリート建築の法定耐用年数が五〇年に定められているか——。

いろいろ調べてみても、はっきりとした理由はよく見えてこない。法定耐用年数は、昭和二六（一九五一）年に七五年、昭和四一（一九六六）年に六五年、平成一〇（一九九八）年には五〇年と少しずつ短縮されてきている。

考えられるのは、二〇世紀の後半ぐらいから、コンクリートの耐久性への見方がすっかり変わってしまったということだろう。

僕が学生として建築を学んでいた一九八〇年代の時点ですでに、授業で先生たちから「コンクリートを長持ちさせる必要はない」と言われていた。建築物に使うコンクリートの寿命を敢えて短くするような物言いが、なぜ公然とまかり通るのか。当時からずっと、僕には分からないままだ。

こうした見方が広まるのと合わせるように、コンクリートの品質は、高度経済成長期に急激に低下した。

一九七〇年代の建設ラッシュで技能労働者が不足し、工期が短縮され、品質の低いコンクリート建造物があちこちにつくられた。大幅に増えたコンクリート需要を賄うため、質の悪いセメントや骨材が生コン中に混入されるようになったことも、品質低下に拍車をかけたようだ。

そのころ建設現場に導入されはじめたコンクリート打設法も、コンクリートの強度や耐久性を下げる方向に働いたと、複数のコンクリート専門家が指摘する。東京大学や千葉工業大学でコンクリート工学を研究していた小林一輔《かずすけ》（一九二九－二〇〇九）や、コンクリートに携わり続けて五〇年、コンクリートのコンサルティング会社を経営する岩瀬文夫さん（一九四七－二〇一八）らがその代表格だ。

小林一輔と岩瀬さんのお二人は、それぞれ『コンクリートが危ない』（小林一輔著、岩波新書、一九九九年刊行）、『図解入門　よくわかるコンクリートの基本と仕組み［第2版］』（岩瀬泰己・文夫著、秀和システム、二〇一〇年刊行）という本を書かれている。その本のなかで、本来は「半永久」の耐久性を持つはずのコンクリートが、数十年で劣化する現状に対して問題提起をされている。

高度経済成長期以前も今も、工場でつくられた生コンは、ミキサー車で現場に運ばれる。現場に届いた生コンは、ミキサー車からバケットと呼ばれる円筒形の筒にコンクリートを移し替え、クレーンで釣り上げて型枠に流し込む。これが、かつては主流だった「バケット工法」と呼ばれる打設法だ（僕が箕《み》でコンクリートを運ぶのと、手順は似ている）。

一九七〇年代に入ると、それに代わって新しい工法が広まりはじめる。生コンをポンプ車に移し替えてからポンプの圧力で型枠に流し込む「ポンプ工法」だ。ポンプ工法の作業効率はバケット工法より格段に優れ、コンクリート打設の主流となった。今では、性能の高いポンプ車なら、一〇〇メートルを超す超高層ビルでも、上層階までポンプの圧力でコンクリートを押し上げることができるという。

ただ、このポンプ工法も、コンクリートの品質にはマイナスの効果をもたらした。ポンプの配管を通りやすくするため、建築現場で、水を多く含んだ柔らかいコンクリートが好まれるようになったのだ。それが、コンクリートの強度や耐久性を下げることにつながった。要するに、作業効率が優先されて、強度や耐久性が犠牲になったのだ。

そうでなくとも、建築現場では柔らかいコンクリートが好まれやすい。水の少ない硬い生コンを、型枠の隅々まで隙間なく打ち込むのは手間がかかるからだ。コンクリートで壁をつくるときには、型枠の中に、鉄筋のほか、電気・ガス・水道の配管を通す必要がある。すると、型枠にはわずかな空間しか残されず、流動性の低い生コンほど、コンクリートの打ちムラであるジャンカが発生しやすくなる。十分な締め固めを行えば、ジャンカの発生は防げるが、硬いコンクリートほど締め固めの作業も入念に行う必要がある。

生コン工場から建築現場へ運ぶ際も、硬い生コンは扱いづらい。生コンは練り上げた直後から少しずつ固まりはじめ、現場に着くころには、工場を出たころよりもコンクリートが硬くなる。硬い生コンはミキサー車から荷降ろしするにも時間がかかる。現場の作業効率だけ見れば、水を多く含んだ柔らかいコンクリートのほうが圧倒的に扱いやすいのだ。

コンクリートの裏側

コンクリートの水にまつわる問題はそれだけではない。小林一輔の『コンクリートが危ない』によれば、悪質なケースとして、工場から運ばれてきた生コンに、現場で勝手に水を足す「不法加水」があると指摘されている。水でシャバシャバになった「シャバコン」が横行しているというのだ。

ミキサー車には、コンクリートを運んでいたドラムや注ぎ口を洗うためという理由で、水タンクが備え付けられている。ペダルを踏めば、ドラムに水が注ぎ込まれる。その仕組みを利用して、運ばれてきた生コンに水が加えられるとのことだ。作業を少しでも楽にするためだが、こうなると、六〇パーセント前後という水セメント比さえ、本当に守られているか怪しくなってくる。

僕も建築現場で、「今日のコンクリート固くてやれねぇぞぉ。もっとやわらかくしろよぉ」「あいよぉ」というやりとりを何度も耳にした。

こんな不正がまかり通る理由のひとつは、できあがったコンクリートの強度を、現場で確認する習慣がないからだ。

工場から出荷された生コンは、「試験体」なるものをつくって品質・強度が確認される。ミキサー車で運ばれてきたコンクリートを五〇〇ミリ缶ぐらいの大きさの容器に入れ、固めてつくったコンクリートの塊のことだ。その塊で、強度を測って品質を評価する。

この試験方法は、ミキサー車から運ばれてきた生コンが、そのまま建築作業に使われる前提で成り立っている。現場にいる誰かが、試験体による強度試験が終わったあと、悪意を持って不法加水を行えば、建築の構造材であるはずのコンクリート躯体は、必要な強度を下回る可能性がある。悪意はなかったとしても、雨の降る日にコンクリート打設作業を行えば、やはり、実際の建築のコンクリート強度は、試験体のものを下回ることになる。実際の建造物に使われているコンクリートを抜き取って、強度を調べれば済む話だが、そうした調査はほとんど行われていないのが現実だ。

そうなると、さすがに専門家でも、外見だけでコンクリートの良し悪しを見抜くのは難しい。しかも厄介なことに、むしろ水が多いコンクリートのほうが、コンクリート表面はツルッと仕上がりがキレイに見えることが多い。そのほうが、コンクリートが型枠とくっつく力が弱まって、型枠を簡単に剥《は》がすことができるからだ（知識や経験が不足していると、それがいいコンクリートだと思ってしまう人もいる）。

岩瀬さんは、実際にできあがった建築からコアを抜き取り、品質を検査する必要性を訴えているが、まだほとんど広まっていない。

水増しコンクリート問題

生コンクリートに含まれる余分な水は、コンクリートの強度と耐久性を低下させるだけでなく、それ以外にもさまざまな問題を引き起こす。

水を多く含んだ柔らかいコンクリートは、流動性が高くなる。そうすると重力の影響で、密度の高い骨材は下へ、密度の低い水は上へと型枠の中で材料が分離していく。

日本の一般的な建築現場では、ミキサー車とポンプ車を呼んでコンクリート打設作業をするときは、ワンフロアまとめて、高さ三〜四メートルを一日で打つのが通例だ。

それだけの高さのコンクリートを打つと、夕方には、型枠内で数センチメートルの水が浮いてくる。比重の大きな骨材やセメントが重力によって下に沈み、比重の小さな水が、それによって上に追いやられるのだ。そしてしばらくすると、この浮いてきた水が、セメントや骨材の隙間を通って、重力で下に下がって消えていく。この浮き沈みの際に、コンクリート内のあちこちに水の通り道ができる。つまり、コンクリートの中に無数の隙間が生まれ、この隙間がさまざまな問題を引き起こす原因となる。

まず、隙間によって、セメントの結晶どうしの結びつきが寸断され、コンクリートの強度が弱くなる。そして、この隙間を通じて外部の雨や空気中の水分がコンクリート内に染み込んで蓄えられる。その水が、コンクリートの劣化や鉄筋の錆《さ》びや腐食の原因となる。

鉄筋の錆びや腐食は、鉄筋そのものの強度を弱めるだけではない。錆びた鉄筋は、体積が膨張してコンクリートを内側から圧迫し、コンクリートのひび割れを誘発する。そのひびがコンクリート表面に達すると、それが今度は、外部の水を呼び込む新たな道になり、連鎖的にコンクリートの劣化と鉄筋の腐食が引き起こされることになる。当然のことながら、コンクリートが劣化し鉄筋が腐食すると、鉄筋コンクリート建造物全体の、強度や耐久性は著しく低下する。


さらに、コンクリートの中にできた無数の隙間は、コンクリートの防水性も低下させる。

「コンクリート建築は、できてから何十年も壁や天井から湿気が出続けて、家の中がカビやすいから日本の気候に適さない」という声を聞いたことがある人もいるかもしれない。建築に携わる人のなかにもそう思っている人が多いのだけれど、それはコンクリート本来の性質ではない。質の悪いコンクリートの問題だ。

コンクリートの隙間に蓄えられた水が、もともと水セメント比四〇パーセントを超えて余分に含まれていた水分とあわせて、コンクリート中の隙間を通って部屋に抜け出してくる。つまり、隙間が外部の水をコンクリート中に招き入れ、室内に水分をもたらす通り道になっているのだ。

水セメント比を低く抑えれば、湿気を通さないどころか、水をも漏らさぬ防水性ばっちりのコンクリートをつくることができる。実際、鉄筋コンクリートの黎明期には、鉄筋コンクリート製の船が存在したし、その後も世界と日本で、「鉄筋コンクリート船」がつくられてきた歴史がある。

日本では、第二次世界大戦中の一九四四（昭和一九）年にコンクリート船四艘《そう》が貨物船としてつくられ、そのうち三艘が今も形をとどめて残っている。このうち二艘は名前も伝わる。「第一武智丸」と「第二武智丸」は、広島県呉市の安浦漁港に前後に並べられ、もう一艘は、同じく呉市（旧・音戸町《おんどちょう》）の坪井漁港にある。いずれも船としての役割は終えたものの、堤防としての役割を果たしている。建造後七〇年以上経った今も、船内に水が入り込むことなく、コンクリートの本来の強さと防水性を静かに物語っている。

暴発するコンクリートが人を襲う

水を多く含んだコンクリートで起こる骨材と水の分離は、また別の問題を引き起こす。比重の大きな骨材やセメントが下に沈むと、コンクリートの上側と下側で強度に差ができる。下のほうは、骨材が集まってコンクリートが硬くなりやすいのに対し、上のほうは、設計上の水セメント比以上に水を多く含むことになる。

そこに新たなコンクリートを打ち継ぐと、水の多い弱いコンクリートの上に、骨材の多いコンクリートを載せることになる。これが、「コールドジョイント」と呼ばれる打ち継ぎ面の接合不良だ。水が上がってきたところは色が薄まって白っぽくなるため、コールドジョイントが起きているかは、見ればすぐ分かる。

これまたコンクリート構造物の強度や耐久性を弱める要因だ。強度の高いところと低いところが交互になって、設計上の強度を保つことができなくなってしまうのだ。

そもそも、高さが三メートルも四メートルもあるワンフロアを、一度にまとめてコンクリート打設することには、施工の安全上の問題もある。特に、水を多く含むコンクリートほどそれが顕著だ。三〜四メートルもの高さの型枠に、コンクリートを一気に打つと、型枠の下のほうにものすごく大きな圧力がかかる。

型枠というのは、要するにコンクリートを受け止める囲いだ。普通の建築現場では、厚さ一二ミリの木材合板（ベニヤ板）が使われる。なかでも、コンクリートの型枠用につくられた「コンクリート型枠用合板」（別名「コンクリートパネル」、略して「コンパネ」）を使うのがごくごく一般的だ。

当然のことながら、ベニヤ板を並べて囲っただけでは、コンクリートの重みと圧力に耐えられない。そのため、型枠がコンクリートをしっかり受け止められるように、専用の建築資材が存在する。それが、図の左側に示した「セパレータ」と呼ばれる金属と、「プラスチックコーン」、略して「Pコン」と呼ばれる特殊なネジだ（ちなみに、「蟻鱒鳶ル」の型枠には使っていない）。セパレータの両端にPコンをつけ、それを型枠で挟み込む。Pコンの内側はセパレータをはめ込む穴が開いていて、反対側からはネジ山が突き出ている。それを型枠の外側から、ネジで締め込んでいく。

さらに、型枠の側面全体を、「単管」と呼ばれる鉄パイプで挟み込む。これが第一章でも見た支保工だ。コンクリートの圧力で型枠の形が崩れないように、セパレータとPコン、支保工で、型枠の外からギチギチに締め上げるわけだ。

だがそれでも、型枠を締め付ける力を上回る圧力が、型枠にかかることがある。僕もかつて型枠大工だったころ、そういう現場に一度だけ居合わせた。

地下の壁にコンクリートを打ち終え、僕ら型枠大工が

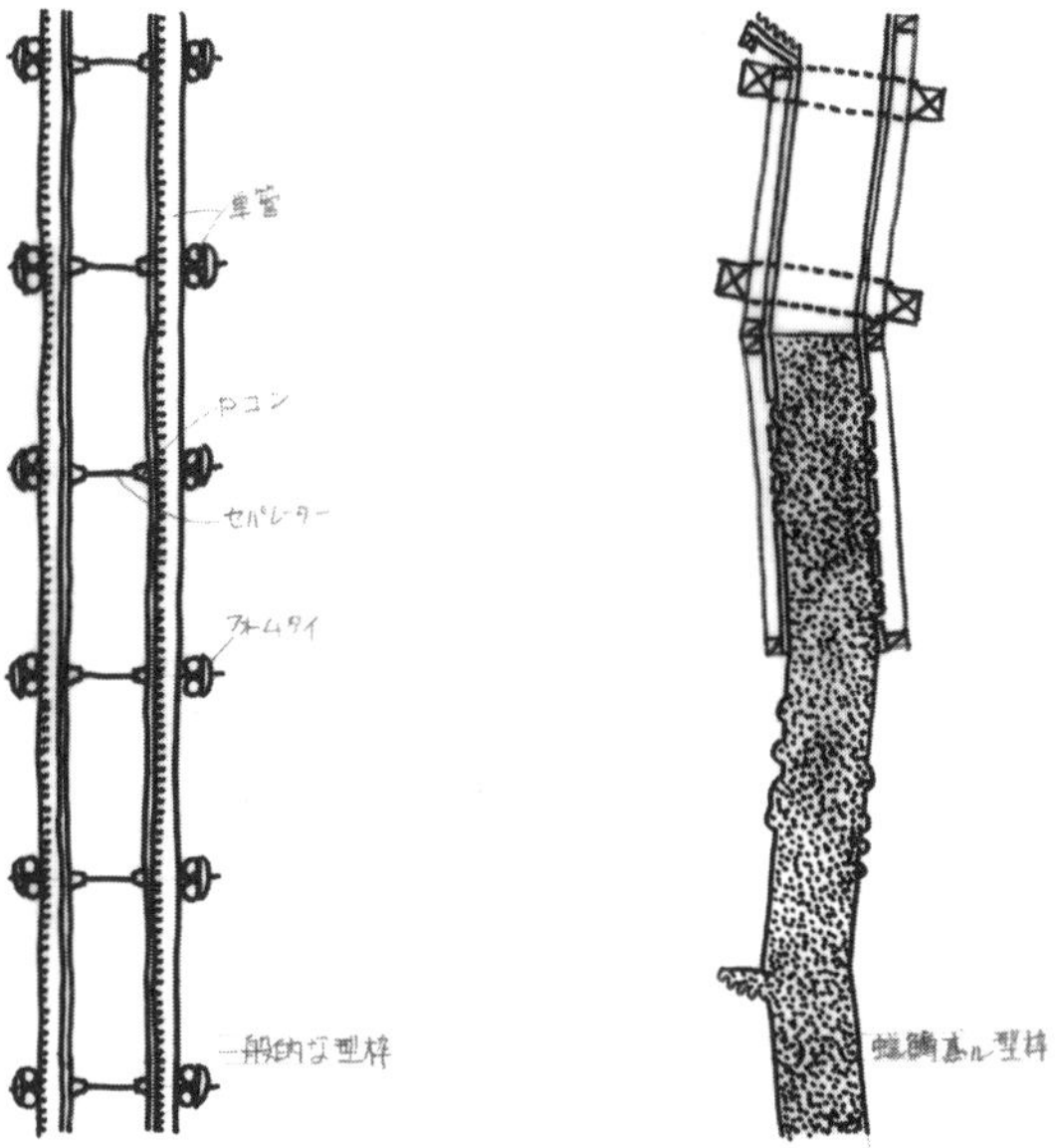

一般的な型枠と「蟻鱒鳶ル」の型枠

点検作業をしていたときのことだ。すると、突然「ビン！」という何かが弾けるような音がした。

普段は耳にしない音に、現場の緊張感が一気に高まる。すぐに続けて「ビン、ビビビビビン」と、同じ音が起きた。

「全員逃げろ！　振り向くな!!」

誰の声とも知れないその言葉を合図に、現場にいた職人たちがみな、現場に仮設された階段を駆け上がる。地上で息を切らしていると、地下からは、木がめりめりと割れる音が聞こえてくる。

地下が静かになったのを見定めて、様子を見に降りていく。コンクリートが、火山から噴き出した溶岩のように型枠から漏れ出し、型枠の下のほうは、ほとんど軒並み割れていた。異様な音の正体は、型枠がコンクリートの圧力に耐え切れず、セパレータが切れ、Pコンが弾け飛んだ音だった。

このときは不幸中の幸いで、誰かが怪我をすることもなかった。だが当時、この手の事故で、年に何人かの職人が命を落とすと聞いた。死亡事故を起こした下請け工務店は、それでもう倒産だ。

現場練りの利点

「蟻鱒鳶ル」は、セルフビルドの鉄筋コンクリート建築だ。コンクリートも現場で練り上げ、人力で打設する。このコンクリートの「現場練り」と「自力打設」は、〈即興〉の建築」を可能にするために、どうしても必要な選択だった。

「〈即興〉の建築」と、世の建築現場のコンクリート打設法は、とことん相性が悪い。理由は単純明快。ミキサー車やポンプ車を頼むと、一日で扱うコンクリートは何十トンにもなり、とても〈即興〉でやりきれる物量ではなくなってしまうのだ。

一日何十トンもの大量のコンクリートを打とうと思えば、事前にその分の型枠をつくっておかなければならない。大量の型枠をつくるのも、大量のコンクリートを打つのも大勢の作業員が必要になる。僕が発注者になって大勢の作業員を雇い、作業を監督するというのでは、〈即興〉の考え方とそぐわない。

また、大量のコンクリートを一日で打とうと思えば、数メートルの壁でも一気に作業をしないと追いつかない。それには暴発の危険が常につきまとう。危険を未然に防ぐには、型枠を支保工でガチガチに固めねばならず、型枠に凹凸や曲面などあろうものなら、扱いにくくて仕方がない。作業効率の面でも暴発を防ぐ安全面でも、平らな合板で挟み込むだけのシンプルな型枠が、いちばん扱いやすい。

裏返せば、鉄筋コンクリート建築を〈即興〉でつくるには、コンクリートは現場練りでなければならなかったのだ。


コンクリートの現場練りには、「〈即興〉の建築」を可能にする以外にも、ありがたいことがいくつかあった。

そのひとつが、コンクリートの硬さを自分で決められ、コンクリートの品質を一〇〇パーセント信じられることだ。生コンを買ってくるとしたら、その水セメント比や、セメントや骨材の品質は、生コン屋さんが言うことを信じるしかない。そもそも三七パーセントなどという水セメント比の生コンクリートは、商品として提供されていない。

僕が現場でコンクリートを練れば、こうした問題をクリアすることができる。練ったコンクリートをその場ですぐ打つから、生コンの水をギリギリまで少なくすることができる。コンクリートの品質は、鉄筋コンクリート建築の生命線であるだけに、そこを自分の手の内に置ける安心感は大きかった。

〈即興〉を可能にする「70㎝打法」

現場練りのもうひとつの利点は、コンクリートを少しずつ打てることだ。〈即興〉で鉄筋コンクリート建築をつくるには、少しずつコンクリートを打つのが向いていた。

僕が現場に導入したミキサーは、一度につくれるコンクリートの量が〇・〇五立米だ。一日に打設可能なコンクリートの量は、多くてもミキサー二〇回分くらい。重さにすると二・四トンほどだ。もちろん、大量打設と比べれば、作業にかかる時間は圧倒的に長くなるけれど、それは、「〈即興〉の建築」を可能にするために必要な時間だった。

「〈即興〉の建築」のために、僕はあるコンクリート打設法を編み出した。背丈七〇センチの型枠を使い、レンガを一段一段積み上げるようにコンクリートを打ち継いでいく「70㎝打法」だ。この「70㎝打法」と現場練りは、三七パーセントという水セメント比のコンクリートで建築をつくるために欠かせない手段でもある。

変形させやすいコンクリートと鉄筋は、建築にさまざまな表情をもたらすことのできる、まさに〈即興〉にふさわしい素材の組み合わせだ。型枠の形やデザインを現場で変え、現場で生まれた

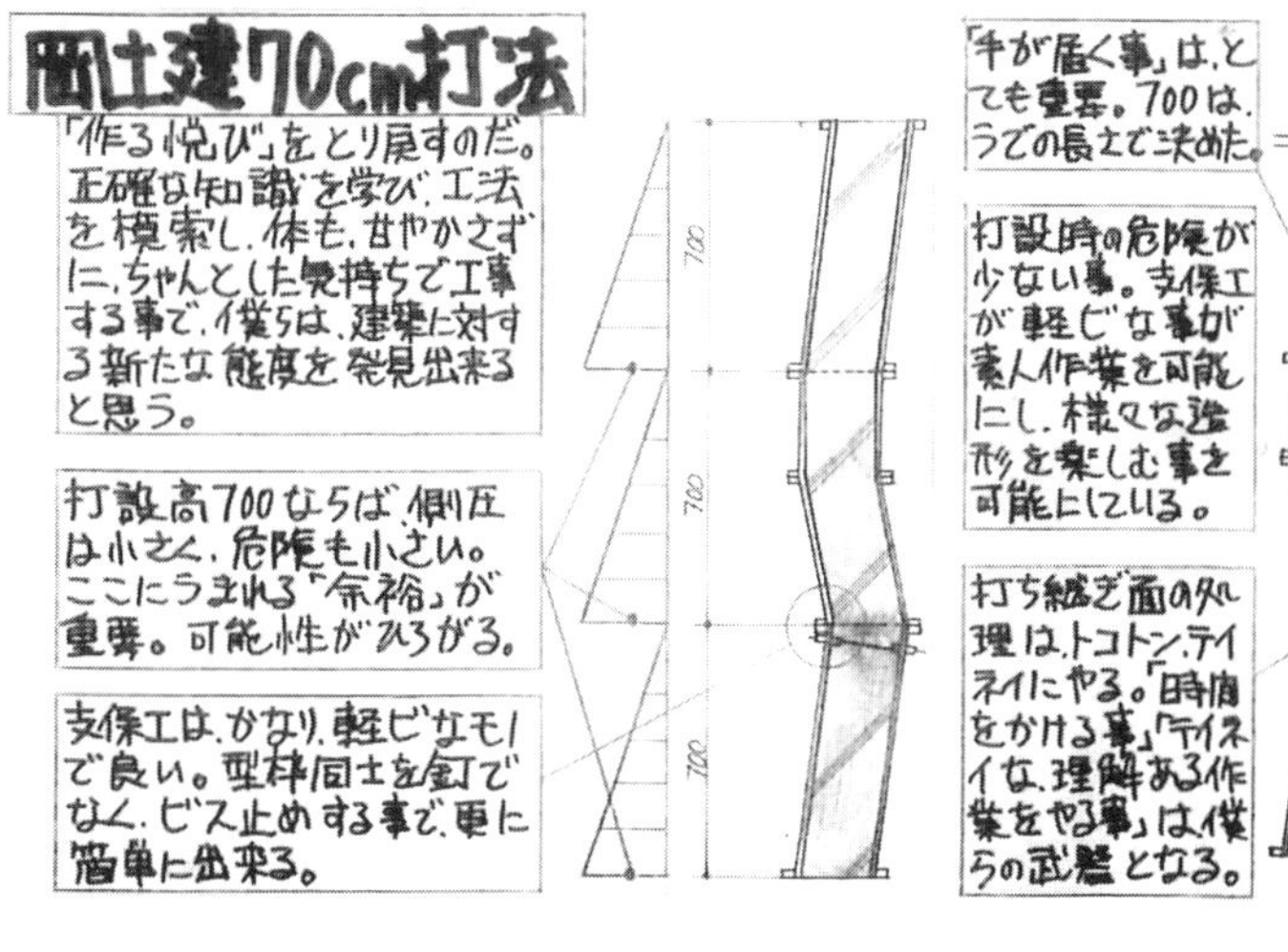

「70cm 打法」図解

アイデアに命を吹き込んでいく。それを実現する道筋を探り続けた結果、「70㎝打法」に辿り着いた。

事実、「70㎝打法」は、「蟻鱒鳶ル」にさまざまな〈即興〉をもたらしてくれた。型枠の表面を削って絵を掘り、コンクリートの表面に絵を浮かび上がらせたこともあるし、プラスチックの波板を使って洗濯板のようなコンクリートをつくるのに凝《こ》ったこともある。角材を段々に積み重ねて型枠をつくり、凸凹した表面をつくり出したこともある（普通は、板材で囲んで真っ平らな面ができあがる）。ときには、友人・知人がつくった型枠を使わせてもらうこともある。

こうした装飾を、現場で思い付くたび形にしていくことができる。現場で生まれたイメージが、次々と形になっていく。それも七〇センチごとに！

この「70㎝打法」には、〈即興〉を可能にする以外にもいくつか利点がある。

まず、型枠の背丈を低くすることで、コンクリートの暴発が起こる危険性をぐっと下げられる。事実、「蟻鱒鳶ル」の現場で、これまで暴発の危険を感じたことは一度もない。

加えて、型枠の背丈を低くすれば、硬いコンクリートでも、打ち損じ（ジャンカ）を起こりにくくすることができる。背が低い分、締め固めの手も届きやすいからだ。

「70㎝打法」は、一石二鳥どころか何鳥もあるコンクリート打設法なのだ。

お手本は明治時代

では、なぜ「70㎝」だったのか。

その根拠に触れる前に、ひとつ押さえておきたいことがある。一メートルにも満たない型枠でコンクリートを打ち継ぎ、建築をつくるなどという経験は、僕はもちろん、世の型枠大工のほぼ間違いなく全員が、誰も味わったことがないということだ。

背の低い型枠で、鉄筋コンクリート建築をつくることが本当に可能なのか、その問題に僕はおおいに悩まされた。

特に心配だったのは、コンクリートを打ち継ぐと、そこからどうしても水が内部に入り込みやすくなることだ。さっきも触れたように、コンクリート内部に染み込んだ水は、さまざまな要因でコンクリートや鉄筋の強度を奪っていく。打ち継ぎ面が増えるほど、隙間から水が入り込む可能性が高まるわけで、そのリスクを放置するわけにはいかなかった。

ちなみに、建築の構造力学上、コンクリートに求められるのは建築の重みに耐える力だ。その強度は、ひとつの型枠で打った箇所でも打ち継ぎ面でも変わらない。曲げや引っ張りに対する力はもともと鉄筋頼みなわけで、コンクリートを打ち継ぐデメリットは、打ち継いだ隙間から水と空気の侵入を許しやすいという一点にある。

鉄とコンクリートの組み合わせは、鉄筋を腐食から守る点でも理に適っている。鉄は水と酸素に触れると錆びていくが、コンクリートの中はセメントの性質によって強いアルカリ性になっており、鉄を錆びから守る膜のようなものができる。

ところが、セメント中の成分と二酸化炭素が反応すると、セメントのアルカリ性が失われる（中性化）。すると、鉄を保護する膜が失われて鉄が錆びやすくなる。中性化は通常、コンクリート表面から進行するが、コンクリートにヒビや隙間があると、そこから二酸化炭素が侵入し、コンクリート内部の中性化の進行が早まる。そこに、コンクリートのヒビや隙間から水と酸素が供給されると、鉄筋が錆びるという流れだ。

打ち継ぎ面から水と空気の浸入を防ぐために、打ち継ぎ面を丁寧に削って磨き、デコボコを減らす。それで水の浸入は減らせるだろうと踏んでいたが、それでどこまでこの問題を回避できるのか、なかなか不安を拭えずにいた。

迷いを吹っ切るきっかけになったのは、明治時代に書かれた建築施工法の本だ。当時はコンクリートを練るのも型枠に打ち込むのもすべての作業が人力で、人の手でできる範囲の打ち方として、コンクリートを短く打つ方法が説明されていた。

その本では、「コンクリートには水を混ぜすぎないようにしましょう」とか、「職人さんが疲れないように、監督の責任で、休みを取りながら、作業の流れも途切れさせないような段取りを組みましょう」など、人の手で建築をつくり上げるのに必要な手順や心構えが事細かに書かれていた。

ものさしは自分の身体

ここでようやく、具体的な寸法の話になる。

こればっかりは、誰も経験がない以上、やってみないと分からない。背丈の違う型枠を用意して、コンクリートを打ち継ぐ実験をしてみることにした。東京・三田に土地を買って間もない二〇〇一年の夏、僕が建築を学ぶために通い続けた高山建築学校で、直径約四〇センチ、高さ三メートル弱の柱を、つくってみることにしたのだ。

最初に目安にしたのが「70㎝」という寸法だ。僕の片腕の長さである。

僕は建築現場で、こんな経験を何度もしてきた。鉄筋を組んで型枠をつくり、Pコンとセパレータ、支保工で型枠を締め上げ、後はコンクリートを打つだけという段階になって、型枠内にゴミが入り込んでしまう。風に飛ばされた落ち葉や紙くずなどが、型枠の底に落ちてしまうのだ。

こうしたゴミは、コンクリートの打ち継ぎ面の接合を弱める厄介な代物だ。そのため、ゴミは本来取り除くべきものだが、型枠の高さが数メートルもあると、どうすることもできない。それが自分の手の長さの範囲なら、型枠内に落ちたゴミを取り除くことができる。だから、型枠の背丈は高くても「70㎝」だろうと目鼻を付けたのだ。

実験では、最大の高さを「70㎝」として、それより低い背丈の型枠をいくつか試してみた。「40㎝」「50㎝」「60㎝」など。できあがったものが、ひとつの構造物として成立するのはもちろんのこと、作業は理に適っているか、楽しんで作業をできるかなど、作業する自分の感触を頼りに最適解を見つけようとした。

その結論が、「70㎝打法」になった。

理由は単純。ひとつは、型枠の背を低くしすぎると、当たり前だが打ち継ぎの回数が増えてしまう。毎回毎回打ち継ぎ面を磨くのは面倒だし、型枠の背が低すぎると、何かをデザインしようにも、表現が制約を受けてしまう。

短い型枠でコンクリートを打ち継ぎ、小さいながらもひとつの構造物をつくり上げた手応えも上々だった。できあがった柱の上に乗ってみると、柱はビクともしなかった。コンクリートを打ち継いでつくった柱は、僕の体重をしっかり受け止めてくれた。

ここで、「70㎝打法」にまつわる後日談を紹介しておきたい。

再開発の対応で、僕は建設作業とは別に、いくつかの調査のための作業をしなければならなくなった。コンクリートの強度を調べるため、コア抜き検査をしたのもその一環だ。

それとあわせて、「はつり」と呼ばれるコンクリートの一部を壊す作業もする羽目になった。自分で練り上げ、自力で打ったコンクリートを、自分ではつらなければならないのは悲しかったが、その途中で思わぬ発見があった。

僕も何度か「はつり」の経験はあるが、建築現場で出くわすようなコンクリートは、作業の途中で打ち継ぎ面がぽろりと剥がれるのが常だ。その理由は、コンクリートの水分含有量の多さにあるのか、打ち継ぎ面の粗さにあるのかは分からないが、打ち継いだコンクリートは完全には一体化しないというのが、僕が経験してきた常識だった。

ところが、「蟻鱒鳶ル」のコンクリートは、はつってもはつっても、打ち継ぎ面でぽろりと剥がれるようなことがない。打ち継ぎ面がどこにあるのか分からないほど、コンクリートが一体化していた。

これは本当にうれしい発見だった。「蟻鱒鳶ル」のコンクリート打設法で、この打ち継ぎ部こそがいちばんの不安の種だったからだ。

はつり箇所。継ぎ目がわからない

生きものみたいなコンクリート

「蟻鱒鳶ル」の型枠は、作業が進むにつれ、徐々に成長・進化を遂げている。

我ながらちょっとした発明だと思うのは、型枠にビニールシートを使いはじめたことだ。木の板でつくった型枠をビニールでくるみ、それでコンクリートを打つと、おもしろい仕上がりになる。コンクリートの表面が、鏡のような光沢を持つようになるのだ。

理由はおそらく、ビニールでくるむことで型枠内のコンクリートに水分がしっかりと保たれ、ガラス質の結晶ができやすくなるからだ。結晶ができるのは、コンクリートそのものがより密実に固まっていることの証でもある。

コンクリート打設後の養生の段階では、コンクリートから水が失われないよう、型枠を湿らせた布で覆い、その上からブルーシートをかけるのがよいとされる（実際にそこまで丁寧に養生をしている建築現場はまずない）。「蟻鱒鳶ル」では、当初この方法で養生をしていたが、型枠の外からブルーシートでくるんでも、木でできた型枠が、コンクリートの水分をどうしても吸ってしまう。型枠そのものをビニールでくるめば、コンクリートの水分が型枠に吸われるのを防ぎ、より丁寧な養生をしていることになる。

ビニールシートは、作業効率面でもプラスに働いている。格段に、型枠をコンクリートから剥がしやすくなったのだ。

ビニールシートを使う以前は、型枠に彫り物でもしようものなら、そこにコンクリートが入り込み、型枠をひとつ剝がすのに三〇分もかかることがあった。ときには、コンクリートがくっつく力で型枠が壊れてしまうこともあった。それが、ビニールを一枚挟むだけで、シールの裏面を剝がすようにスーッと型枠を剝がせることができるようになった。剝がす際に型枠が傷むことも、圧倒的に少なくなった。

コンクリートがきれいに仕上がり、より堅固に固まる。しかも、作業もしやすく型枠も長持ちするようになる。ビニールシート巻き型枠は、本当にいいことづくめだ。


今では、型枠はさらなる進化を遂げている。

あるとき、ふとこんなことを思い付いた。

(型枠の垂直面を、あえてビニールだけにしたらどうなるだろうか……)

型枠の側面には、面でコンクリートを受け止める板材を使わず、角材で四角く囲んだだけの枠に、角材や糸や薄いベニヤをタテにヨコに、あみだくじのように打ち込んでいく。そして、それをくるむようにビニールを巻く。ビニールには、農業用ハウスに使われる強度のあるものを使った。

新品のビニールは透明で、向こう側が丸見えだ。そこにコンクリートを流し込むと、角材の隙間から漏れていくような感覚がする。それを、農業用ビニールがしっかと受け止める。でも次第に、ビニールがボンレスハムのように膨れてくる。
（さすがに、コンクリートの圧力をビニールだけで受け止めるのは無理があったか……）
そうヒヤヒヤと見守っていると、パンパンに膨らんだ状態で、ビニールはもちこたえてくれた。

一週間後、型枠を外すと、魚のウロコのような、爬虫類の皮膚のような、生きものを感じさせる曲線の多いコンクリートの壁が現れた。壁面の光沢は、水から上がったばかりのワニやトカゲの背中のようにも見えた。

「蟻鱒鳶ル」では、こんなふうに、壁と一緒に壁面の装飾が生まれてくる。天井の文様や、柱や床のギザギザ、ふにゃふにゃした形も同様だ。

平らで四角いコンクリートに、後から装飾を付け足すのではない。構造の軀体と一緒に、装飾を産み落としている。そこに、コンクリートの新たな可能性が感じられる。

建築現場に潜む罠

僕がビニールシート巻き型枠を思いついたのは、僕の職人時代のある経験がきっかけだ。

僕は、職人として建築現場で働いていたときに、化学物質過敏症を発症したことがある。

仕事の現場で化学物質を吸いすぎたのが原因だ。建築現場では、接着剤や防腐剤、防虫剤などさまざまな化学物質が使われる。僕が発症に至った最大の原因は、おそらく型枠大工をしていたためだろう。

世の建築現場では、型枠にコンクリート型枠用合板、通称コンパネが使われる。合板（ベニヤ板）は薄い木の板を、接着剤で貼り合わせた板材だ。コンパネの場合はさらに、コンクリートから水を吸っても木が腐らないよう、接着剤に加えて防腐剤も多く使われている。この接着剤や防腐剤に、ホルムアルデヒドが含まれている。型枠大工としてコンパネを切る作業を繰り返すうち、木屑《きくず》とともにホルムアルデヒドを知らず知らず吸い込んでしまったようなのだ。

僕が化学物質過敏症を発症したのは、「蟻鱒鳶ル」をつくりはじめるより前の一九九八年ごろのことだ。それから現場仕事を離れ、今では症状は収まっているものの、ホルムアルデヒドを吸うと症状が再発するから、「蟻鱒鳶ル」の現場でコンパネは使用していない。

代わりに僕が型枠に使うのは、主に二つの板材だ。

ひとつは、合板は合板でも、木造住宅の壁や板に使われる構造用合板だ。これは、コンパネに比べると防腐剤が圧倒的に少ない。住宅建材に含まれる化学物質が「シックハウス症候群」を引き起こしている問題があり、構造用合板では化学物質の使用に制限がかけられているからだ（なお、コンパネは住宅用建材ではないからという理由で、化学物質の使用に制限が課されていない。それすなわち、建築現場の職人に対して何らの配慮がなされていないことを意味する）。

構造用合板ぐらいなら、僕も何とか扱える。近所の建築現場から構造用合板の廃材を譲り受け、ありがたく使わせてもらっている。

もうひとつは、昔ながらのコンクリート施工法を参考に、杉板でも型枠をつくる。

だが、どちらの方法も、そのまま使うと似たような弱点があった。

構造用合板は、コンパネと比べると防腐剤が圧倒的に少ない。水を吸い、すぐにダメになってしまう。杉板も、水を吸って伸び縮みが激しい。隙間からコンクリートがこぼれてしまうのは困りものだった。

おまけに、構造用合板にも杉板にも、コンクリートが固まるのを阻害する成分が含まれていることがある。木に含まれる糖分だ。糖分があると、セメントペーストの結晶化が妨げられ、コンクリートの表面が固まらず、ボロボロになってしまうのだ。さすがにコンパネは型枠用だけあって、糖分を取り除く処置が施してある。

困った末に思いついたのが、型枠をビニールシートでくるむ案だった。そう思って試してみたら、いくつものいいことずくめの結果となったのだ。

この方法は、世の建築現場にも広まってほしいと思っている。

コンクリートにもう一度、光を！

今の建築の世界には、建築家が「頭で考える」ことと、職人が「手を動かす」ことのあいだに大きな隔たりがある。しかも、頭で考えたことは、一方通行で現場に降りていくだけ。現場で手を動かしながら気づいたことを、建築に反映する道筋はどこにもない。

この、建築家（設計者）と職人（施工者）のあいだの〈分断〉が、現代の建築をつまらなくしているのではないか——。神によって言葉を分かたれ〈分断〉され、その結果崩れ去った「バベルの塔」のように、現代の建築は実質的な意味を失い、崩れ去ってしまっているのではないだろうか——。

建築をもう一度おもしろくするには、両者の〈分断〉を埋めるしかない。そのために僕ができることを考え続けた結果、辿り着いたのが、「蟻鱒鳶ル」の「〈即興〉の建築」という方法だ。


昨今、コンクリート建築にはあまり目が向けられなくなっている。現代の大型建築は、鉄骨とガラスでつくるのが主流だ。

この状況をつくり出しているのは、ほかならぬコンクリート自身だろう。

たしかに、世の鉄筋コンクリート建築には、あまりに不透明なことが多すぎる。現場での不法加水。知識不足による施工不良など。そのせいで、コンクリートは信用の置けない建材として建築家やゼネコンに敬遠されている。

僕は、この現状を少しでも打破したい。コンクリートへの不当に低い評価をあらため、コンクリートにもう一度、光が当たるようにしたい。

建築家の伊東忠太はコンクリートの造形の自在性に魅せられ、コンクリート工学研究者の小林一輔は、「コンクリートは半永久構造物だ」と明言した。それこそが、コンクリート本来の姿だ。その気になれば、コンクリートで船だってつくることができる。

鉄筋コンクリート建築の歴史は、本格的な始まりから一〇〇年やそこらしか経っていない。まだまだ知られざる可能性を秘めている。

即興の建築

突然の、建築禁止令

「岡、お前一年間、建築禁止な」

九州・有明の高等専門学校を二〇歳で卒業した僕は、住宅メーカーに就職し、二年目の年末に会社を辞めた。

その翌年の夏、二二歳の僕は建築を学び直すため、ある学校に通いはじめた。それが高山建築学校だ。建築家の倉田康男先生が一九七二年に創設し、夏の間だけ開校される私塾だ。その学校は、岐阜県高山市の中心部からクルマで北アルプス（飛騨山脈）を分け入ることおよそ一時間、距離にして三〇キロほどの数河《すごう》高原の集落の一画にたたずむ。この高山建築学校が、その後の僕の建築人生を決定的に左右した。

通いはじめて三度目の一九九〇年夏、倉田先生は突然、僕に「建築禁止」を告げた。

「岡なぁ、お前、建築を舐《な》めすぎなんだよ。建築だけをやってて建築ができるようになるほど、この世界は甘くない。今のお前みたいに建築のことしか考えていないヤツは、いい建築家になんてなれっこない。だから、何でもいいから建築以外のことをしろ。一年間は、図面を引いたり模型つくったり、建築っぽいことは一切ダメ。もし図面なんか引いてみろ。そのときはお前、一生破門だからな。分かったな」

意外な、あまりにも意外な言葉だった。

そのころの高山建築学校には、哲学者の木田元《きだげん》さん（一九二八－二〇一四）や丸山圭三郎さん（一九三三－一九九三）、建築史家の鈴木博之さん（一九四五－二〇一四）といったスターの先生方が講師として来校されていた。僕が尊敬する石山修武さんも、僕が通いはじめてからはほとんど来校されなくなったものの、かつては毎年のように参加されていた。

こうしたスターの先生方が集まる日には、「二四時間コンペ」なるものが開かれるのが恒例だった。先生方がお題を考え、学生たちがそれに対する自分の考えをまとめる。絵や模型をつくり上げ、プレゼンするのは二四時間後だ。時間は限られていても、考えが十分に練られていない生煮えのアイデアを発表しようものなら、容赦ない罵声を浴びせられる。それは恐ろしいコンペだった。

その年、僕は二四時間コンペで一等賞を取った。だからといって、賞品のようなものがあるわけでもなく、偉い先生方のご講評をありがたく拝聴できる名誉賞みたいなものだ。

並み居る先生方のお言葉を頂戴し、最後に話したのが倉田先生だ。先生からどんなふうに褒めてもらえるのかと期待していたら、褒められるどころか、お説教をくらってしまったというわけだ。

当時の僕は、まさに「建築オタク」としか呼べないような人になっていた。出かけた先で、気になった建築のスケッチをするなんてのは当たり前。映画館に足繁く通い、暗闇のなかで、スクリーンに映る建築をスケッチするようにもなっていた。

おかげで、設計の引き出しは山ほど増えた。もともと得意だと思っていた設計が、自分でもますますできるようになってきたという実感があった。

倉田先生の目には、それが危なっかしく見えていたのだろう。

突然降りかかった建築禁止令に、僕は自分でも意外なほど素直に従った。

踊りとの出会い、身体の目覚め

とはいえ、人生のすべてを建築にぶち込んでいた建築オタクの僕に、ほかにやりたいことなど何もなかった。

こういうときは、ジタバタしたってはじまらない。一年ヒマになったことを、会う人会う人にアピールして、何でもいいから誘われたことをやろうと心に決め、高山から東京へと戻ってきた。

すると、思いもかけないところからお誘いを受けた。舞踏家の和栗由紀夫《わぐりゆきお》さん（一九五二―二〇一七）、「舞踏」を創始した土方巽《ひじかたたつみ》（一九二八―一九八六）のお弟子さんの一人だ。

和栗さんとは、以前から交流があった。きっかけは、高山で知り合った彫刻家の吉江庄蔵さんにある。吉江さんは長年、舞台美術の仕事をされていて、土方巽の舞台を何度も手がけ、和栗さんとも親交が深かった。吉江さんを通じて僕も和栗さんの舞台の手伝いに駆り出され、脇役で舞台に出たこともあった。

「岡くん、聞いたよ。倉田先生から建築を禁止されて、一年ヒマなんだって？　だったら踊りをやってみない？」

「えっ、僕が踊るんですか!?　いやいやいや、そんなの無理です。僕は小さいころから音楽は大の苦手で、病弱だったから運動もからっきしダメなんです。音楽と体育の成績、ずっと1か2ですよ。音楽と体育を足し合わせたみたいな踊りなんて、僕にできるわけないじゃないですか。いくらヒマとはいえ、さすがに踊りは無理です」

そうやって、最初は頑《かたく》なに拒んでみたけれど、数日考えてみたら、これも巡り合わせじゃないかという気がしてきた。一年限定なんだし、自分がいちばん苦手なものを掛け合わせたような踊りをやるのもまあよかろうと、結局、踊りをはじめることに決めた。

舞踏は、創始者の土方巽が、西洋のダンスの猿真似ではない日本人独特の身体表現を求めて生み出した踊りだ。国内よりもむしろ海外で芸術性が高く評価され、「Butoh」という踊りのスタイルとして認知されている。

僕が和栗さんのところで教わったのも、不思議な動きばかりだった。

「よーし、いいか、今日はガンジス川で蓮の葉の上に乗っている動きを表現してみよう」

稽古場に行くと、和栗さんはそんなお題をメンバーに出す。週に一度の稽古に集まってくるのは、だいたい一〇人前後だ。みなそれぞれに仕事やバイトを抱え、それを各人やりくりして稽古場にやってくる。

「ガンジス川に浮かぶ蓮の葉は、絵に描かれたものだ。だから、君たちの体も平面だし、腕と脚は直角になっている。その状態で、オレが太鼓をトンと叩いたら、腕と脚を動かすんだ。しかも、君たちがいるのはガンジス川の上だからな、水の上だ。アメンボが水面を這うようにスーッと動いて、体を上下させちゃいけない」

こんなふうに、言葉でイメージを喚起して、独特の身体表現を生み出すのが舞踏の大きな特徴だ。「舞踏譜」と呼ばれる、土方巽が編み出した手法のひとつだ。

土方巽は、フランシス・ベーコンの一枚の絵を題材にした踊りに力を入れていた。絵の前後の時間を、言葉や写真、絵画のイメージを手がかりにして踊りで表現するのだ。和栗さんも、このアプローチを稽古に取り入れていた。ベーコンの絵と言葉を掛け合わせ、動きを即興的に生み出す練習をよくやった。

「肉が腐るようなイメージで……」

「いま猛烈に左脇に痛みが走り……」

「あの絵を思い出せぇ、あの叫びだぁ」

いつもこんなことばかりをするから、毎回の稽古がおもしろくて仕方がなかった。

踊りをはじめて一年後、小さな公演があった。

一年の集大成、僕は全力で踊り、達成感を味わえた。

これでやっと建築に戻れる。そう思うとうれしさが込み上げ、一年ぶりの建築旅行に出た。

自転車を漕いで、東京から常磐道《じょうばんどう》沿いに北へ向かう。柏（千葉県）やつくば・水戸・日立（茨城県）を抜け、いわき・相馬（福島県）を経由して仙台へ向かう。水戸では、磯崎新さんが設計された「水戸芸術館」に立ち寄った。そうして福島に入ったあたりで、ふと、自分でも予期しなかった思いが心をよぎる。

（あれ？　オレはこのまま踊りをやめちゃっていいんだろうか？）

心に引っかかりを感じながらも、僕は北へ向かってペダルを漕ぎ

踊る筆者

続けた。ところが、そのもやもやした思いは、収まる気配がない。それどころか、仙台に着いたころには確信へと変わっていた。

（いや、やっぱり踊りをやめちゃいけない）

心が決まると、僕は来た道をまっすぐ東京へと引き返した。

「和栗さん、僕、もう少し踊りを続けさせてください」

こうして僕は、踊りを続けることになった。

思考を追い抜く表現の力

踊りからは、さまざまなことを学んだ。

和栗さんから、いつも口うるさく言われていたことがある。


——岡、いいか、踊りってのはな、頭で考えてから動いたんじゃもう遅いんだ。ここでクルッと回ってジャンプして……、なんて段取りを考えたって、そんなものは全部、客にバレている。考える前に、いつの間にか体が動くぐらいじゃないとダメなんだ。自分の踊りで自分がハッとして、それを受けてまた次もいい動きができる。そんなふうに、踊りが自分のなかから生み出されていくぐらいの感じで進んでいかないと、いい踊りにはならないぜ。

それは、振付がある踊りでも同じだ。動きはあらかじめ決まっていたとしても、細かなところは、その場その場で、体で表現していかなければならないのだ。

そうかと言って、考えずに感覚だけで踊ればいいかというとそうではない。むしろ、そんな踊りはいちばんダメだとも教わった。

――頭でまったく考えずに、感覚だけで踊るとか言う奴を山ほど見てきたけれど、そんなのはどうしようもない踊りにしかならない。偶然いい踊りになることはあっても、そんなものが続きはしない。考えて考えて、それをときどき体が追い越して、思考と表現が抜きつ抜かれつ交錯するぐらいの状態がいいんだ。

稽古のメモ

もうひとつ、しきりに言われていたのが、形はそれほど重要でないということだ。

舞踏は、バレエのように、キレイに見せることを目的としているわけではない。だから、形に囚《とら》われてはいけない。稽古でバレエの練習場を借りるようなときは、稽古が始まる前に、決まって一面鏡張りの壁をカーテンで隠していた。鏡があると、自分がどういう動きをしているか、ついつい形が気になってしまうからだ。

それなのに、和栗さんからはしょっちゅうこんな注意を受けた。

「岡、右手をもうちょい伸ばせ」

(えっ？　えぇぇ？　形は重要じゃないんじゃないの？)

このときの動きのイメージは、「雲をつかむように手を伸ばす」だった。それには、手の伸ばし方が足りなかったのだという。

形は重要ではないとはいえ、形を無視しては踊りがそもそも成り立たない。思考を追い抜いてこそいい踊りが生まれるように、形を超えたところに舞踏の本質が立ち現われてくる。きっと、そういうことなのだろうと理解している。

そのことを象徴的に表しているのが、和栗さんから聞いた、土方巽の次の言葉だ。

――オレの踊りは、写真にも残らないし、ビデオで撮っても何も映らない。オレの踊りは舞台でしか観られない。オレが舞台に立って、指を一瞬ピクッと動かすだけで、客席のいちばん後ろの人を感動で泣かせることができる。そんなのが、写真やビデオに残るはずがない。

舞台の上から、場全体の空気を支配してしまう。思考や形を超越した本物の舞踏には、そういう力があるということなのだろう。僕は、舞踏のすごさに、それを生み出した土方巽の凄まじさに、しびれるほどの感動を覚えていた。舞踏がおもしろくて仕方なく、夢中になって踊りを続けた。

踊るようにつくる〈即興〉の建築

和栗さんの教えを受け、僕が踊るときに大切にしていたのは、「必然性のない踊りはしない」、「踊りで真実を表現する」ということだ。

身ひとつで人の前に立つ踊りは怖い。音楽なら、自分が未熟でも楽器があるだけで心強くなれる。でも、踊りはそうはいかない。見ている人を目眩《めくら》ましできるものが何もない。冴えない状態を人目にさらすのは、本当に情けなく惨めだ。

多くのダンサーは、その恐怖から逃れるために、踊るテクニックをやたらと身につけていく。困ったときはクルリと回るとか、パッと飛び上がるとか、動きのパターンをあらかじめつくっておく。あるいは、超絶技巧を身につけるようになっていく。でもそれは、必然性も真実もない、空っぽの踊りだと僕は思う。

踊りにおける真実とは、踊り手の心のうちに湧き上がる感情や咄嗟《とっさ》のアイデアだ。

それを拠り所にして、踊りの動きを生み出していく。

舞台の上で感じたことを、そのまま素直に体の動きとして表現する。逆に言えば、心に湧き上がるものが何もなければ、舞台に立っても何も踊らない。自分の心が動き出すのを、舞台の上でジッと待つ。

その間は、耐えがたいほどの惨めさを味わうこともある。だからといって、テクニックでその場をやり過ごしても、そんな踊りからは何の感動も生まれてこない。踊っているダンサーにとっても、それを見ている観客にとってもだ。心は何も動いていないのに、何かあるかのように動きを演じてしまえば、その踊りはウソになる。

踊っていていちばんうれしいのは、今までやったこともないような動きが急に閃き、その瞬間に体が動き、それにつられるようにして、次々と新しい踊りが生まれてくるときだ。踊りが自動的に生成して止まらなくなる。めったにあることではないけれど、こんなふうに踊りの神様が降りてきたときは、踊りながらよだれを垂らしてしまうほどうれしくなる。

踊りでつかんだこの感覚を、建築に活かすことはできないだろうか――。

「思考と表現が抜きつ抜かれつ交錯する」といい踊りになるのなら、建築の世界でも、思考と表現を交錯させれば、もっとおもしろい建築が生まれてくるのではないだろうか――。踊りを学び続けるうち、次第にそう考えるようになってきた。

建築では、思考と表現がどうしようもなく遠い。建築家が「頭で考える」ことと、職人が「手を動かす」ことのあいだには、どうしようもない隔たりがある。建築家の思考が設計図面になり、現場の職人が施工によってその図面を表現する。その間は、時間的にも人間どうしの距離感としても、途轍《とてつ》もなく離れている。しかもその向きは、常に建築家（思考）から職人（表現）へ、頭で考えたことが一方通行で現場に降りていくだけだ。

それどころか、建築家と職人で、使う「言葉」さえ異なり、お互いの「言葉」が通い合わない。そもそも、二つの職種が現場で語らい合うようなこと自体、きわめて特殊なケースを除いてまず起こりえない（考えられる例外は、カリスマ、名人と呼ばれる職人を招いて建築をつくるような場合だ）。

遠さというよりも、断絶あるいは〈分断〉とも言えるこの固定された関係で、果たして本当にいい建築がつくれるのだろうか――。

それが、僕が職人仕事をしながら抱いていた素朴な疑問だ。

僕は町に出ると、建物を建築図面に置き換えて見てしまう（建築を学んだ人にはよくあることだと思う）。建築家（デザイナー）の思考が透けて見えるものばかりだ。現場の職人が、楽しみながら建築をつくっている雰囲気が微塵も感じられない。作業の手の痕跡も、ことごとく消されている。いきいきとした感じがどこにも見られず、建築が死んだように見える。虐げられた職人たちのいじけた思いを、建築が背負い込んでいるようにも感じられる。

表現が思考を追い抜くように建築をつくれば、建築は、そして町は、もっといきいき輝き出すのではないか――。

それを可能にする筋道を考えた末に、辿り着いたのが「蟻鱒鳶ル」の「〈即興〉の建築」だ。

〈即興〉で踊るように建築をつくる――。「手で考え」ながら、建築を少しずつつくり上げていく――。

「蟻鱒鳶ル」のセルフビルドは、踊りから学んだものなのだ。

「手で考える」建築家

二〇〇二年夏、僕は妻と二人でフィンランドを旅した。二年前の九月、今の土地を手に入れたはいいものの、どんな建築をつくればいいかをつかみきれずにいたころだ。

当時の妻は、航空会社でキャビン・アテンダントとして働いていた。気楽に海外に出かけるとても旅慣れた人だ。そのときも、二人で一緒に海外に行こう、行くならどこがいいかと何度も聞かれ、ふと出てきたのがフィンランドだった。

「フィンランド？　よさそうだね。器のデザインとか、かわいいもんね」

そのころ妻は、いずれは会社を辞め、自分で輸入雑貨のお店を出したいと考えはじめていた。北欧のデザイン雑貨なら、商売としても悪くはなさそうだ。僕の話を聞いて、そんなことを思ったようだ。

「でもさ、なんでフィンランドに行きたいと思ったの？　はじめてだよね、自分でどこかに行きたいって言ったの」

僕は妻と違って海外経験がめちゃくちゃ乏しい。はじめて日本の外に出たのは、三四歳になった一九九九年、妻と一緒に行った新婚旅行だ。そのときは、行き先を決めるのから飛行機やホテルの予約もすべて妻にお任せ。それから数度、妻と一緒に海外に行ったときも、基本はすべて妻に任せきりだった。

「フィンランドにアールトっていう有名な建築家がいてさ。石山さんから『お前はアールトを見ておけ』って何度か言われてるんだよね。せっかく海外に行くなら、アールト見てくるかなぁと……」

アルヴァ・アールト（一八九八－一九七六）は、「フィンランドのモダニズムの父」と呼ばれる建築やデザインの巨匠だ。ル・コルビュジェ（一八八七－一九六五）、フランク・ロイド・ライト（一八六七－一九五九）、ミース・ファン・デル・ローエ（一八八六－一九六九）ら「近代建築の三大巨匠」と並び称されることも多い。

アールトは、モダニズムの流れをヨーロッパの後進国だったフィンランドでいち早く受け入れた一方で、フィンランドの豊かな自然の造形や伝統ある手工芸の要素を付け加え、モダニズムへの新たなアプローチを示した人物だ。さらには、妻のアイノ・アールト（一八九四－一九四九）とともに、家具ブランドのアルテックを立ち上げ、家具や日用品のデザイナーとしてもその名を世界に馳せた。

アールトは、フィンランドの国民からもとても愛されている。ユーロが導入される前の紙幣にはアールトの肖像画と、彼が設計した「フィンランディア・ホール」が描かれていた。アールトが卒業したヘルシンキ工科大学が、二〇一〇年にヘルシンキ経済大学・ヘルシンキ美術大学と合併してひとつの大学になったときには、「アールト大学」と、大学の名前にまでなったほどだ。ちなみに、ヘルシンキ工科大学のキャンパスも、アールトによってデザインされたものだ。

石山修武さんとの関係も、補足が必要だろう。一九九〇年の夏、僕が高山建築学校に通いはじめてからたった一度だけ、石山さんが高山に講師としてやってこられた（それが最後の高山来校になった）。

その年も恒例の「二四時間コンペ」が開かれ、そこで僕は石山さんに褒められた。

「うん、お前、いいぞ」

その日の夕食は、ビーフシチューだった。高山では、たまにしかお目にかかれない贅沢なメニューだ。だからといって、肉がふんだんにあるわけではない。小さな肉をちびちびと名残惜しく食べようと思っていたら、石山さんが声をかけてきた。

「おまえ、さっきのプレゼンよかったから肉をやろう。たんと食え」

そう言って、僕は肉のご褒美にあずかった。それ以来、僕は石山さんが主宰するワークショップにときおり参加するようになったのだ。

石山さんの言葉で印象的なのは、次のようなものだ。

「おい、おまえな、世の建築家には、大きく三つのタイプがあるんだ。ひとつは、徹底して頭で考え抜くタイプで、その代表格はミース・ファン・デル・ローエだ。その対極にいるのが、あんまり頭で考えすぎず、手で建築をつくっていくタイプだ。ガウディ、ライト、アールトあたりがこの流れだな。三つめはこの二つの真ん中らへんにいる奴らで、コルビュジェなんかがいい例だ。それでだ。お前はもう間違いなく、頭じゃなくて手で考えるタイプだから、ミースなんて気にしなくていい。アールトみたいに、手で考える側に突き進めよ。ホント、ほかの二つはもうまったく見なくていいから」

「アールト、ですか……?」

「そうだよ、あのアールトだよ。フィンランドの巨匠な。お前は絶対、頭で考えるようなタイプじゃないから、若いうちにアールトを見ておけよ」

僕は正直、石山さんにそう言われても、アールトに対してピンとは来ていなかった。むしろ、退屈な建築家だと思っていた。石山さんの言葉が耳に残りながらも、長いあいだアールトを見に行く気にならなかったのはそのためだ。

でも、二〇〇二年のこのときは、僕を取り巻く状況に変化が起きていた。

一九九九年四月に結婚し、妻と二人で暮らす家を、僕がつくることになった。そして、ずいぶん値切ったとはいえ、一五五〇万円もの大金をはたいて土地を手に入れた。

ところが、何をどうつくればいいか、自分でもまったく見えてこない。悩みに悩み、自分で建築をデザインする怖さにただただ腰が引け、考える糸口さえつかめていなかった。

そんなとき、ふと思い出したのが、石山さんから言われたアールトのことだった。

キラキラ光る壁の正体

日本から九時間半も飛行機に揺られ、辿り着いたフィンランドで見たアールトは、やっぱりさっぱり分からなかった。

フィンランドの首都ヘルシンキの中心部に、その名も中央駅という鉄道の駅がある。すぐ裏手には、湖のようなトーロン湾が広がり、その水辺に建つのが、晩年のアールトが設計した「フィンランディア・ホール」（一九七一年竣工）だ。それは、紙幣にまで描かれた、アールトの、そしてフィンランドの代表的建築だ。

でも、僕にはこの建築の良さがなかなか分からなかった。

外壁に真っ白な大理石が貼られたほぼ純白の建物は、スッキリしていてとてもキレイなのはたしかだ。フィンランドの国旗は白地に青十字。白と青はフィンランドのナショナルカラーで、白は国土を覆う雪を、青はフィンランドに点在する湖と海と空を表しているらしい。なるほどねとは思うものの、それ以上に一体何があるのか、僕にはなかなかつかめなかった。

（これの何がそんなに素晴らしいんだ？）

そう疑問を感じながらも、湾を取り巻くように夏の緑が溢れる公園で、腰を下ろしてスケッチをはじめた。その最中、顔を上げてホールを見るたび、大理石の壁がキラキラ光って見える。太陽の光が反射しているようだ。それ以上は気にも留めず、スケッチを続けていると、ふと、あることに気がついた。

（あれ？　さっきと壁の光り方が違わないか？）

その理由を突き止めようと、建築にじっと目を凝らしても、なかなかその答えは分からない。スケッチを描き終え、建物に近づいて間近でじっくり見てみると、ようやくキラキラの正体が明らかになった。

壁面に貼られた大阪の大理石が、真っ平らではなく丸みを帯びている。一枚一枚すべて、中央部分が膨らんでいる。そのために、大理石の外壁は、木の編み細工のように凹凸ある表情を見せている。

しかも、その膨らみは一様ではない。何百枚あるか分からないすべての板が、一枚ごとに、微妙に膨らみ具合が異なっている。その丸みに光が当たって反射し、キラキラキラキラ、太陽の動きに合わせて光り方が変化していく。

最初に思ったのは、これは偶然の産物ではないかということだ。

本当ならアールトは真っ平らな板にしたかったのに、施工する職人の腕が足りなくて、真ん中が膨らんでしまったのではないか。あるいは、竣工当初は真っ平らだったけれど、それから三〇年以上の月日のなかで、寒さや雪、その他もろもろの経年劣化で、大理石の板がたわんでしまったのではないか。

どちらの可能性も、僕は即座に否定した。偶然にしては、あまりにもできすぎている。アールトは、ホールの外壁を意図して膨らませたに違いない。だとしたら、これほどわずかな曲面を並べるアイデアを、どうやって思いついたのだろう?

こんなことを、机で図面と向き合っているだけで思いつけるだろうか?

おそらく、「フィンランディア・ホール」のキラキラ光る白い壁は、現場で職人や素材と向き合って生まれてきたものだ。それがきっと、石山さんの言う「手で考える」建築家ということなのだ。

アールトの夢

自然の造形にヒントを得たデザインは、アールトの建築や作品の至るところに見られる。アールトは、一九三七年のパリ万国博覧会に、その名も「アールト・ベース（Aalto Vase）」と呼ばれるガラス製の花瓶をデザインして出品した。縁がグニョグニョとうねる独特の形は、フィンランドの湖やオーロラの形からインスピレーションを得たとされる。直線的な工業デザインが当たり前だった当時のヨーロッパで、大きな衝撃をもって受け止められた。

僕が実際に見た建築にも、頭で設計するだけの人には思いもつかないようなデザインがあちこちちりばめられていた。

それは、アールトがデザインした「ヘルシンキ工科大学（現・アールト大学）」（一九六六年竣工）を訪ねたときのことだ。学内を見学していると、扇形をした大講義室に設えられた不思議な造形に目が止まった。

（あれ、あれ、これは何なんだ？）

教壇の背後の壁が、座席に向かってせり出している。僕にはそれが、まるで葛飾北斎が描く浮世絵の「波」のように見えた。教壇から座席へ向かい、ザバッと押し寄せるかのようにつくられたこの出っ張りに、アールトは一体どういう意味を込めたのだろうか。

教壇に立つ先生の思いが、学生みなに届くように――。その願いを素直に表現して、「波」のような壁をつくったのではないだろうか。いや、きっとそうにちがいない。

こんなふうに、使う人のことをまっすぐに考えて建築をつくる建築家がいるなんて！ たいていの建築家は、もっとかっこつけてデザインしようとするものなのに……。僕は、思いをまっすぐに建築で表現しようとするアールトが、いっぺんに大好きになった。

そもそも、この「波」のようなデザインも、図面だけで考えていては、なかなか思いつくものではない。きっと、海に面したヘルシンキに押し寄せる波や、フィンランドに点在する湖の水面を揺らす波から着想したものだろう。

ちなみに「アールト」とは、フィンランド語で「波」を意味する。自分の名前に影響を受けたのか、アールトがつくるものの特徴のひとつは、「波」のようにグニョグニョとうねったデザインにある。「アールト・ベース」や「ヘルシンキ工科大学」の講義室のデザインは、そのいい例だ。

そうしたデザインがどこにも見られない生真面目なだけの建築もある。それにはきっと、フィンランドが歩んできた歴史や、アールトが建築家として活動していた時代と関係がある。

フィンランドは、長いことスウェーデンやロシアに支配されてきた。独立を果たしたのは、一九一七年のロシア革命の混乱に乗じてのことだ。とはいえ、国土の三割が北極圏に含まれるほど寒く雪の多い地域で、国は貧しさに苦しみ、またいつロシア（ソ連）やスウェーデンといった大国の支配下に置かれるのかという不安といつも隣り合わせだった。

アールトは貧しさと不安に喘ぐフィンランドを、建築とデザインの力で盛り立てた立役者だ。だからこそ、紙幣に肖像画が描かれ、大学の名前に自身の名前がつけられるほど、国民から愛されているのだ。

だが、国が貧しい状況では、建築をつくる潤沢な資金を得るのは難しかったに違いない。アールトが本当につくりたかったのは、「アールト・ベース」をそのまま巨大にしたような、大胆な建築ではないかと思う。時代の状況が許せば、アールトはそこに挑んでいたと、僕には思えてならない。

第四章

夢のはじまり

僕は建築の虜になった

一九八一年四月、一五歳の僕は建築を学ぶため、国立有明工業高等専門学校（有明高専・福岡県大牟田《おおむた》市）の建築学科に進学した。キャンパスは有明海にほど近い山裾にあり、有明海の向こうに島原半島の雲仙岳《うんぜんだけ》や多良岳《たらだけ》を望むことができる。

ここで僕は、建築の魅力に取り憑かれた。洗脳されたと言ってもいいかもしれない。漠然と「家をつくる仕事をしたい」と思い、建築学科へ進学を決めた中学生の僕にとって、「建築」と言えば、新聞の折り込みチラシでよく見かける、住宅メーカーがつくる家のことを指していた。僕が見慣れた建築で、いちばん大きくてかっこよかったのは、「樋口軒」という地元の船小屋温泉の由緒ある旅館だった。

そんな僕が高専で建築を学びはじめ、それまで見たこともない、壮大で美しく、かっこいい数々の建築と遭遇した。カリキュラムのなかには、建築の歴史を学ぶ授業があった。

現代の建築が、どうして今のような形をしているのか、歴史を振り返り、その理由を学ぶのが目的だ。授業では、有名な建築家の有名な建築の写真を次々と見せてくれた。

――えー、これが、二〇世紀を代表する建築家のひとり、フランスのル・コルビュジエが、生涯にわたってつくり続けた集合住宅「ユニテ・ダビタシオン」です。これは、いわゆる「モダニズム建築」の代表作のひとつです。一九五二年にマルセイユにつくったのが最初で、ほかフランスに三カ所、ドイツのベルリンにも完成したものがあります。ほかにも、計画だけで実現しなかったものがいくつかあります。

　コルビュジエは、フランク・ロイド・ライト、ミース・ファン・デル・ローエと

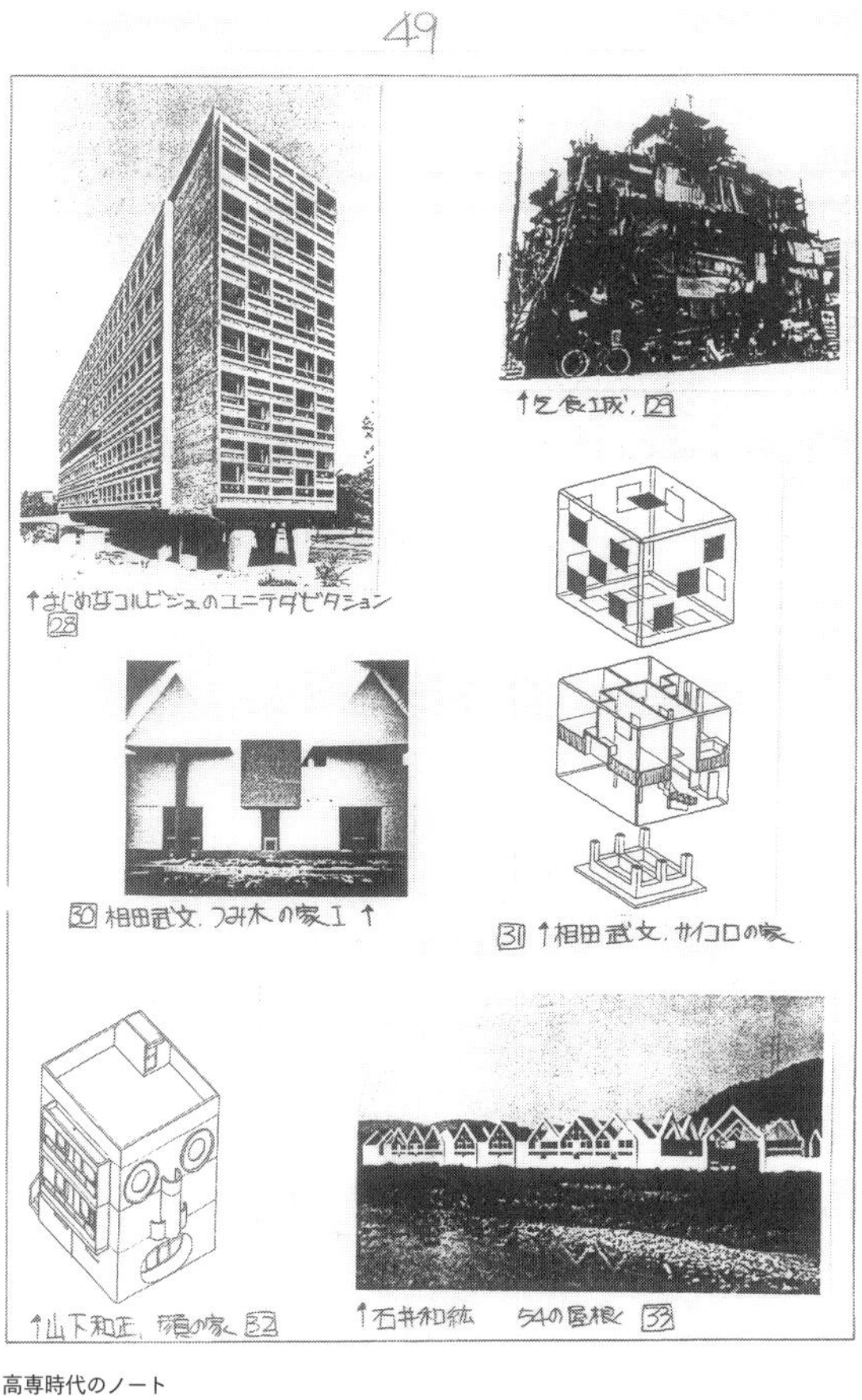

並んで「近代建築の三大巨匠」と言われるとても重要な建築家です。日本にもコルビュジェの設計した「国立西洋美術館」(東京・上野)があるので、名前を知っている人もいるかもしれません。

ちなみに、ライトは「帝国ホテル」(東京・日比谷)を設計しました。君たちが生まれて間もない一九六八年に取り壊されてしまいましたが……。

彼らに学んだ日本の建築家も大勢います。前川國男(一九〇五–一九八六)はコルビュジェの下で学び、彼が一九五七年に設計した東京の「晴海高層アパート」は、コルビュジェのユニテ・ダビタシオンの影響を色濃く受けていると言われ……

(な、何なんだ!? このカッコよすぎる建築は!!)

「ユニテ・ダビタシオン」は、コンクリート打ちっ放しの四角い部屋が整然と並ぶ集合住宅建築だ。ベランダの壁には、赤とか黄色とかいろんな色がカラフルにあしらわれている。ストンとシンプルで無駄のない、シュッとした佇まいは僕の心をわしづかみにした。

——続いてこれが、コルビュジェが晩年につくった二つの代表作、「ロンシャンの礼拝堂」と「ラ・トゥーレットの修道院」です。一九五五年に竣工した「ロンシャンの礼拝堂」は、それまでコルビュジェが重視していた「モダニズム建築」の機能性・合理性を超え、曲線で自由な造形が注目されました。

その直後、一九六〇年に竣工した「ラ・トゥーレットの修道院」、それとは対照的に、垂直と水平だけで建築が構成されています。特徴は大きく異なりますが、このどちらも、後期モダニズム建築の重要な作品のひとつとして位置づけられています……


僕はもう、コルビュジェの建築にうっとりしていた。

ライトが小さな滝の上に建築した、通称「落水荘（Fallingwater）」にもグッときたけれど、巨匠三人のなかでも、コルビュジェは僕のなかで別格な存在だった。

ちなみに、ミースの建築もカッコいいと思うのだけれど、僕には少し難しいというか、なかなか理解することができなかった。その理由は、今になってみれば少しは分かる。尊敬する石山修武さんから言われたように、ミースが「頭」で考え抜くタイプなら、僕は「手」でつくるタイプ。やろうとしていることがまるっきり違うのだ。

日本二十六聖人記念館

九月に誕生日を迎えて一六歳になると、すぐに原付（原動機付自転車）の免許を取った。行動範囲が広がって、建築に触れる機会が増えた。

最初に訪ねたのは長崎だ。有明海をフェリーで渡り、島原半島を横断して、長崎市の中心からほど近いところにある「日本二十六聖人記念館」に向かう。

そこは、豊臣秀吉が一五九七年にキリシタン二六名を磔《はりつけ》の刑に処した場所で、二六人は後に（一八六二年）カトリック教会から聖人として列せられた。その一〇〇周年を記念して、一九六二年に記念館が建てられた。

設計したのは、ガウディの研究者でもあった建築家の今井兼次《いまいけんじ》さん（一八九五－一九八七）だ。鉄筋コンクリート造のこの建築は、ヨーロッパで建築修行中にガウディを見て感動した今井さんが、ガウディを意識してつくったと言われるものだ。大きな屋根の横に、まさしくガウディのような装飾を施した二本の塔が天に向かってそびえている。その背後には、急峻な長崎の山にへばりつくように家が建ち並ぶ。

その様子を眺めていたら、胸が熱くなって、涙がボロボロとこぼれてきた。

（ああ、こんな仕事がしたい。僕は建築家になろう）

家をつくりたいぐらいのボヤッとした気持ちで建築を学びはじめた僕は、コルビュジェや今井さんがつくった圧倒的な建築を見て、建築の虜になった。

僕も、人の心の奥底にまで突き刺さるような建築をつくりたい――。

このとき、僕は本当の意味で「建築家」になろうと心に誓った。

この話には、ちょっとした後日談がある。

「蟻鱒鳶ル」着工前の二〇〇三年、僕は「SDレビュー」という建築の賞に応募した。作品はもちろん「蟻鱒鳶ル」だ。そのとき、審査員だった建築家・建築史家の藤森照信さんから特別賞をいただいた。

二〇〇五年の終わりに着工し、「蟻鱒鳶ル」の形が少しずつ見えはじめた二〇〇九年、藤森さんが現場を訪れ、こんな言葉をかけてくれた。

「すごいねぇ、型枠凝《こ》ってるねぇ」

普通の建築現場で型枠と言えば、平らな木の板で囲んだシンプルな直方体と相場が決まっているが、プラスチックの波板やビニールシートなど、僕は素材も形もさまざまな型枠を使う。

「こんなに型枠凝ってるのは、今井さんの長崎の記念館ぐらいしか思いつかないな。ほかではなかなか見ないもんだ。今井さんは、トタンを型枠に使っていたよ」

藤森さんにそう言ってもらえて、素直にうれしかった。

僕の見ている世界はみんなと違う？

そもそもの話、僕が家をつくる仕事に興味を持ったのは、中学生のころに遡る。

それより以前、子どものころのいちばんの楽しみは、絵を描くことだった。生まれながらに心臓病を患い、激しい運動を禁じられていた僕は（それでも田んぼを走り回ったり、木登りで遊んだりしていたけれど）、暇さえあればスケッチブックに絵を描いていた。絵にはそこそこ自信もあったし、周りの大人も友人も、僕の絵のことはよく褒めてくれた。

けれども、現実というのは残酷なものだ。小学一年生の図工の時間、校内の木を写生していると、担任の先生が、緊張した表情で僕に話しかけてきた。

「岡くん、葉っぱの色、なんでこの色にしたとね？」

自分ではかなりうまく描いているつもりなのに、この先生はなんば言いよっとかね。ワケが分からずキョトンとしていると、先生は何か勘づいたのか、こう続けた。

「よかよ、岡くん。好きなごと描かね。途中で邪魔してゴメンね」

数日後、僕は母親に近所の眼医者に連れて行かれた。

僕は心臓だけでなく、眼にもハンディを抱えて生まれてきたようだった。かなり重症な「赤緑色弱」だ。「色弱」のなかではいちばん多い、赤と緑の区別がよくつかない先天性の色覚異常だ。先生が僕の絵に驚いたのは、僕が緑の葉っぱを赤く塗っていたかららしい。

（もう、絵描きさんにはなれんとかね……）

わずか六歳で、自分の夢が粉々に打ち砕かれた思いがした。

それでも僕は、絵を描くことをやめなかった。やめられなかった、と言ったほうがいいのかもしれない。

中学校では、自分の意志で美術部に入った。油絵にも挑戦し、有名な画家たちの絵もよく観るようになった。美術室でゴッホやピカソの画集を見ては、よく涙を流していた。

絵描きは無理でも、芸術家になることは諦めきれなかった。

僕は手先が器用で、粘土細工や工作も大の得意だった。親から聞いた話では、三歳ぐらいのころ、生卵の薄皮だけを残して殻を剝《む》いて遊んでいたらしい。表面の硬い殻だけにヒビが入るように卵をそっと叩いて丁寧に殻を剝く。そうすると薄皮に包まれたプニョっとした生卵の姿が現れる。

そんなことを平然とやってのけてしまうぐらいだから、彫刻家や陶芸家になる道もあるはずだと思っていた。

芸術家を諦めた、決定的な出来事

中学一年が終わるころ、岡家は念願の家を建てた。

それまでは、父親が勤める九州電力の社宅に、両親と僕、姉と妹の五人で暮らしていた。社宅と言っても一軒家で、そこら中の畳がうねうねしているような、なかなかのボロ屋だった。生まれてこのかた、そんな冴えない家に住み続けてきたものだから、家を新しく建てると聞いて、僕は完成を心待ちにしていた。

その家は、田舎でよく見かける普通の木造二階建ての日本家屋で、建築様式で言えば、瓦葺《かわらぶ》きの入母屋造《いりもややづくり》だ。多くのお寺やお城もこの様式でつくられているから、少し前の日本の標準的な建築と言えるだろう。

柱と梁で建物の構造をつくり、壁には竹小舞《たけこまい》を組んで土を塗る。柱と梁は現場で組み上げ、土は塗ったら乾かしてを繰り返す。だから、家ができるまでには時間がかかる。完成まで、かれこれ一年半ぐらいかかった。

その間の建築現場は、僕にとって恰好の遊び場になった。

ノコを引きカンナを引き、木を組み上げて家の形ができあがる。こね上げた土で壁をつくり、瓦を葺いて屋根ができる。その様子を見ているのが楽しかったし、ときおり、子どもでもできそうな簡単な作業を大工さんたちが手伝わせてくれた。

「坊主、お前、なかなか筋んよかね」

「そうたいそうたい、そげんはよ、こげんキレイにノコやカンナを引けるもんやなか」

手先の器用さを活かして作業を仕上げると、大工さんたちが口々に褒めてくれたのもうれしかった。それ以来僕は、家をつくる仕事に興味を持つようになった。

新居に住みはじめようというある日、母親が突然、僕に強い口調でこう言った。

「新しか家の玄関入ったところに、大きか壁があるたい。啓輔、そん壁一面に、何でもよかけん好きなごつ絵ば描け」

きっと母親は、芸術家になる夢を諦めきれずにいる息子に、大きな晴れの舞台を用意してくれたのだと思う。これをきっかけに、自分の夢を切り拓いてほしいという親心だろう。

でも僕は、情けなくも、その気持ちに応えることができなかった。

その壁は、玄関を入ってすぐの正面にあった。幅にして一間《いっけん》（約一・八メートル）ぐらいはある。僕がそれまで描いていた絵は、せいぜいがスケッチブックサイズ。その大きさに、ビビってしまった。

さらに僕を怖気づかせたのは、我が家にひっきりなしと言ってもいいぐらいに来客があることだった。

父親は、会社で組合や政治の活動に力を入れていた。僕が幼稚園のころには、会社勤めをしながら市議会議員に立候補し、三期一二年議員を続けた。僕が中学生のころは現役バリバリの政治家で、我が家にはよく大勢の人が集まってきた。

一度も描いたことがない大きさの絵を、大勢の人の目につく場所に描く――。

そのことを想像したら、それだけでもうおろおろしてしまった。

この一件以来、僕は芸術家になる夢をきっぱりと諦めた。

家をつくる、もうひとつの仕事

岡家の新居は、別の意味でも僕の人生を大きく変えた。

それまで住んでいた家は、福岡県南部の筑後市の外れ、船小屋温泉の一画にあった。新居があるのは市の中心部。引っ越しで校区が変わり、僕は隣の中学校に転校した。

転校するまで、僕は学校生活を楽しんでいた。友達は大勢いて、女子からもそこそこモテていた。先生たちとも仲が良かった。

ところが転校先に、僕の居場所はなかった。多くの同級生たちと馴染めず、先生たちにも嫌われた。それに反発してテストで白紙答案を出していたから、成績はどんどん落ちていく。

僕が高校受験を控えた一九七〇年代終わりごろ、九州の田舎で、進学校と呼べるまともな高校に進学しようと思ったら、内申書でかなりの成績を収めていなければならなかった。誰でも入れる私立の高校もあったけれど、とても行きたいと思える学校ではない。

中学三年が始まったころの土曜日の昼下がり、見かねた母親が僕にこう尋ねてきた。

「啓輔、お前、こんあとどげんすっと？　今んままじゃ高校にも行けんとやなかね？」

あまりにも図星をつかれた僕は、咄嗟にこう答えた。

「僕は大工になる。高校はたぶん無理やけん、大工で頑張って生きていく。大工になって、よか家ばつくる」

母親は、息子の突然の答えに驚いたような顔を見せたものの、別に怒り出すようなことはなかった。

「そうか、大工か。ばってん、お前は体が弱かけんね。大工仕事が務まるかどうか……」

「できる！　ノコやカンナもうまかって大工の兄ちゃんに褒められたけん」

「そうか、分かった分かった。でも母ちゃん心配やけん、ひとつテストたい。今うちの近くで家ば建てとるところがあるやろ。あそこ行って、大工さんに『柱ば一本担《かつ》がせてくれ』ち頼んでこんね。それでちゃんと担げたら、お前が大工になるとに文句ば言わん」

そう言われて、僕は建築現場まで走っていった。

「すいません、お兄さん。僕にこの柱ば一本担がせてもらえんね？」

「坊主、そんなにガリガリで大丈夫か？　それに、柱担いでどないすっと？」

「ちょっとでよかけん、担がせて」

無理を言って、工事を中断して柱を担がせてもらうことになった。現場にいた大工さんが心配そうに僕を見つめている。

僕は必死の思いで柱を担ごうとしたけれど、柱は重くて宙に浮かすことができなかった。悔しいやら情けないやら、人生の先を絶たれた絶望感やら、僕の目からは涙がボロボロとこぼれてきた。

「おいおい、坊主、大丈夫か。もうちょっと体ば鍛えんとな。何があっとか知らんばってん、気ぃつけて帰れよ」

大工のお兄さんのお慰《なぐさ》みも上の空、僕はそのまま泣きながら家へ帰った。

「どげんした？　そん顔は、ダメやったろ？」

「……うん、……持てんかった」

「ほうら見ろ」

母親は、言わんこっちゃないという表情をする。

「ばってん、そげんお前に、よか職業があっとよ」

「えっ!?　どげな仕事？」

僕は泣いていたことも忘れて問い返した。

「大工さんのごつ柱ば担ぐわけやなかばってん、部屋の配置ばどげんすっか、壁とか屋根ばどげんすっかを考える仕事たい。『建築家』っていうとよ。それなら、力のない病弱なお前でも家ばつくることができるたい」

「えっ、そげんね!?」

それが、建物を設計する「建築家」という職業を、僕がはじめて知った瞬間だった。目の前に、新たな一筋の道が開けた気がした。

筑摩書房　新刊案内

●2018. 4

●ご注文・お問合せ
筑摩書房サービスセンター
さいたま市北区櫛引町 2-604
☎048(651)0053　〒331-8507

この広告の定価は表示価格＋税です。
※刊行日・書名・価格など変更になる場合がございます。

http://www.chikumashobo.co.jp/

伊藤まさこ

本日晴天 お片づけ

気楽で元気で心地いい！　まさこ流整理術

すっきりした暮らしは気分のよい人生を約束してくれます。お片づけ上手の伊藤まさこさんが、インテリアからお財布の中まで、整理整頓する極意を教えます。

87899-1　Ａ５判（４月下旬刊）**予価１６００円**

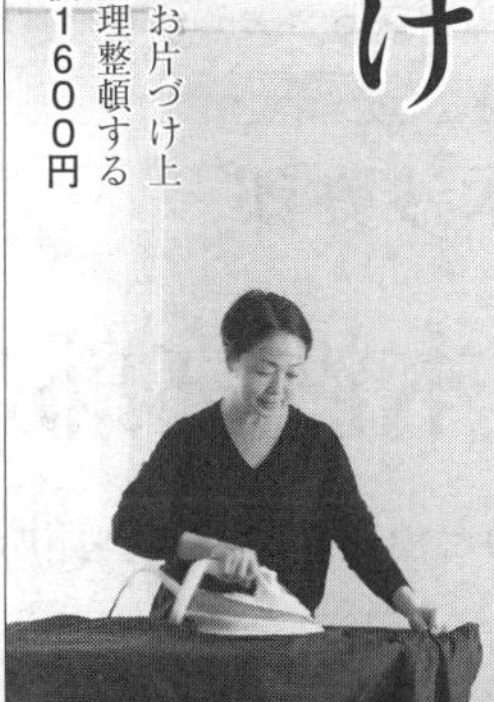

榎田ユウリ

この春、とうに死んでるあなたを探して

中学時代を過ごした町に23年ぶりに戻った矢口は再会した同級生・小日向と恩師の死の真相を求め、元クラスメイトを訪ねる。ヒット作多数の著者が放つ感動長編。

80479-2　四六判（３月下旬刊）**１３００円**

イラスト　暮

6桁の数字はISBNコードです。頭に978-4-480をつけてご利用下さい。

松本大介

本屋という「物語」を終わらせるわけにはいかない

全国からの熱い支持と注目を集める岩手県盛岡市のこだわり書店〈さわや書店〉での毎日の仕事を通して見えてくる本と本屋の〈今〉と〈これから〉を語る！

86457-4　四六判（3月25日刊）１５００円

齋藤孝

こども「徒然草」

生きるための「洞察力」が身につく！

勉強の仕方、友達の作り方、人生についてなど、大切なことがユーモアを交えて書かれている『徒然草』。子どもにこそ伝えたい観察する力。「こども」シリーズ第3弾。

87898-4　A5判（3月25日刊）１５００円

柚木沙弥郎

柚木沙弥郎の染色

もようと色彩　日本民藝館所蔵作品集

70年間染色の第一線で活躍してきた柚木沙弥郎氏の決定版自選作品集。日本民藝館、旧柳宗悦邸を舞台に、新旧約90点の作品をヨーロッパの古家具などと取りあわせて撮影・収録。

87395-8　B5判（3月30日刊）2900円

6桁の数字はISBNコードです。頭に978-4-480をつけてご利用下さい。

岡啓輔

バベる！

――自力でビルを建てる男

二〇〇五年、着工。現在も建設中。二〇〇〇年もつコンクリートで、自邸「蟻鱒鳶ル」をつくる男の意志と記録、そして未来。

87396-5　四六判（4月中旬刊）２２００円

中島岳志　写真　頭山ゆう紀

超国家主義

――煩悶する青年とナショナリズム

人生に苦悶し、不安に苛まれた戦前期の青年たち。救いを求め、政治活動へ傾斜したその帰結とは？　今なお伏流する超国家主義の核心に迫った構想二十余年の書！

84316-6　四六判（3月30日刊）１７００円

藤田祥平

電遊奇譚

ぼくらはドットの明滅の奥に喪失を見る最初の世代だ

人生がゲームなのではなく、ゲームこそ人生の解釈である。ありとあらゆるゲームの魅力に取り憑かれた若者が経巡る青春と喪失の遍歴。新世代のゲーム文学の誕生！　81544-6　四六判（4月中旬刊）**予価1800円**

6桁の数字はISBNコードです。頭に978-4-480をつけてご利用下さい。

4月の新刊 ●11日発売

ちくま文庫

夜の終る時／熱い死角

結城昌治　日下三蔵 編

●警察小説傑作選

警察小説の金字塔がよみがえる

組織の歪みと現場の刑事の葛藤を乾いた筆致でリアルに描き、日本推理作家協会賞を受賞した警察小説の記念碑的長編『夜の終る時』に短篇4作を増補。

43514-9
840円

笛ふき天女

岩田幸子

獅子文六夫人による自伝的エッセイ

旧藩主の息女に生まれ松方財閥に嫁ぎ、四十歳で作家獅子文六と再婚。夫、文六の想い出と天女のような純真さで爽やかに生きた女性の半生を語る。

43515-6
740円

脇役本

濵田研吾

●増補文庫版

映画や舞台のバイプレイヤー七十数名が書いた本、関連書などを一挙紹介。それら脇役本が教えてくれる秘話満載。古本ファンにも必読。（出久根達郎）

43494-4
1200円

スモールハウス

高村友也

●3坪で手に入れるシンプルで自由な生き方

家のローンに縛られ、たくさんの物で身動きできない人生なんてごめんだ。消費社会に流されず、小宇宙に住み自由に生きる。（佐々木典士）

43511-8
780円

探偵術教えます

パーシヴァル・ワイルド　巴妙子 訳

お屋敷付き運転手モーランは通信教育の探偵講座を受講中。名探偵気取りで捜査に乗り出すが、毎回大騒動に……。爆笑ユーモアミステリ。（羽柴壮一）

43502-6
840円

6桁の数字はISBNコードです。頭に978-4-480をつけてご利用下さい。
内容紹介の末尾のカッコ内は解説者です。

好評の既刊

＊印は3月の新刊

禅談
澤木興道
「絶対のめでたさ」とは何か。「自己に親しむ」とはどういうことか。俗に媚びず、語り口はあくまで平易。厳しい実践に裏打ちされた迫力の説法。
43516-3 840円

セルフビルドの世界 ●家やまちは自分で作る
石山修武＝文 中里和人＝写真 驚嘆必至！ 手作りの家
43440-1 1400円

末の末っ子
阿川弘之 著者一家がモデルの極上家族エンタメ
43444-9 980円

英絵辞典 ●目から覚える6000単語
岩田一男／真鍋博 真鍋博のイラストで学ぶ幻の英単語辞典
43442-5 1100円

半身棺桶
山田風太郎 飄々と冴えわたる風太郎節
43458-6 1000円

バナナ
獅子文六 獅子文六の魅力がつまったドタバタ青春物語
43464-7 880円

ビブリオ漫画文庫
山田英生 編 本がテーマのマンガ集。水木、つげ、楳図ら18人を収録
43468-5 780円

新版 女興行師 吉本せい ●浪花演藝史譚
矢野誠一 朝ドラ『わろてんか』放映にあわせて新版で登場！
43471-5 680円

箱根山
獅子文六 これを読まずして獅子文六は語れない！
43470-8 880円

ほんとうの味方のつくりかた
松浦弥太郎 必ずあなたの「力」になってくれる
43473-9 680円

笑いで天下を取った男 ●吉本王国のドン
難波利三 朝ドラ『わろてんか』が話題
43467-8 880円

家庭の事情
源氏鶏太 父と五人の姉妹に巻き起こるドタバタ物語
43477-7 780円

あるフィルムの背景 ●ミステリ短篇傑作選
結城昌治 日下三蔵 編 昭和に書かれた極上イヤミス
43476-0 840円

世間を渡る読書術
パオロ・マッツァリーノ 生きる力がみなぎる読書
43479-1 820円

田中小実昌ベスト・エッセイ
田中小実昌 大庭萱朗 編 入門編にして決定版！
43489-0 950円

色川武大・阿佐田哲也ベスト・エッセイ
色川武大／阿佐田哲也 大庭萱朗 編 はぐれ者よ、路に輝け
43495-1 950円

三島由紀夫と楯の会事件
保阪正康 綿密な取材による傑作ノンフィクション
43492-0 900円

吉行淳之介ベスト・エッセイ
吉行淳之介 荻原魚雷 編 文学を必要とするのはどんな人か？
43498-2 950円

飛田ホテル
黒岩重吾 「人間の性」を痛切に描く昭和の名作短篇集
43497-5 820円

＊**断髪女中** ●獅子文六短篇集 モダンガール篇
獅子文六 山崎まどか 編 再発見されたニュー・クラシック
43506-4 760円

＊**ロボッチイヌ** ●獅子文六短篇集 モダンボーイ篇
獅子文六 千野帽子 編 やっと読める幻の短篇小説
43507-1 760円

6桁の数字はISBNコードです。頭に978-4-480をつけてご利用下さい。

4月の新刊　●11日発売　ちくま学芸文庫

フィレンツェ史 上

ニッコロ・マキァヴェッリ　在里寛司／米山喜晟 訳

権力闘争、周辺国との駆け引き、戦争、そして政権転覆。マキァヴェッリの筆によりさらにドラマチックに彩られるフィレンツェ史。文句なしの面白さ!

09857-3
1400円

フィレンツェ史 下

ニッコロ・マキァヴェッリ　在里寛司／米山喜晟 訳

古代ローマ時代からのフィレンツェ史を俯瞰することで見出された、歴史におけるある法則……。マキァヴェッリの真骨頂が味わえる一冊!(米山喜晟)

09858-0
1500円

大都会の誕生

喜安朗／川北稔

■ロンドンとパリの社会史

都市型の生活様式は、歴史的にどのように形成されてきたのか。この魅力的な問いに、碩学がふたつの都市の豊富な事例をふまえて重層的に描写する。

09862-7
1200円

論証のレトリック

浅野楢英

■古代ギリシアの言論の技術

議論に説得力を持たせる術は古代ギリシアの賢人に学べ! アリストテレスらのレトリック理論をもとに、論証の基本的な型を紹介する。(納富信留)

09860-3
1000円

6桁の数字はISBNコードです。頭に978-4-480をつけてご利用下さい。
内容紹介の末尾のカッコ内は解説者です。

4月の新刊 ●7日発売

ちくま新書

1319
明治史講義【人物篇】
筒井清忠 編（帝京大学教授）

西郷・大久保から乃木希典まで明治史のキーパーソン22人を、気鋭の専門研究者が最新の知見をもとに徹底分析。確かな実証に基づく、信頼できる人物評伝集の決定版。

07140-8 1100円

1320
定年後の知的生産術
谷岡一郎（大阪商業大学学長）

仕事や人生で得た経験を生かして、いまこそ研究に没頭するチャンス。情報の取捨選択法、資料整理術、そして著書の刊行へ。「知」の発信者になるノウハウを開陳。

07135-4 760円

1321
「気づく」とはどういうことか
▼こころと神経の科学
山鳥重（神経心理学者）

「なんで気づかなかったの」など、何気なく使われるこの言葉を手掛かりにこころの不思議に迫っていく。注意力が足りない、集中できないとお悩みの方に効く一冊。

07130-9 820円

1322
英米哲学入門
▼「である」と「べき」の交差する世界
一ノ瀬正樹（武蔵野大学教授）

夢と現実って本当に区別できるの？　この世界に実は因果関係なんて存在しない？　哲学の根本問題を経験や言語を足場に考え抜く、笑いあり涙あり(?)の入門講義。

07132-3 980円

1323
朝ドラには働く女子の本音が詰まってる
矢部万紀子（コラムニスト）

女子はなぜ朝ドラに惹かれるのか。それはヒロインの人生の戦いは、すべての働く女子の戦いに重ねられるから。炸裂する女子のホンネから現代社会も見えてくる。

07136-1 800円

1324
サイコパスの真実
原田隆之（筑波大学教授）

人当たりがよくて魅力的。でも、息を吐くようにウソをつく……。そんな「サイコパス」とどう付き合えばいいのか？　犯罪心理学の知見から冷血の素顔に迫る。

07137-8 820円

1325
神道・儒教・仏教
▼江戸思想史のなかの三教
森和也（中村元東方研究所専任研究員）

江戸の思想を支配していた神道・儒教・仏教にこそ、現代人の思考の原風景がある。これら三教が交錯しつつ形作っていた豊かな思想の世界を丹念に読み解く野心作。

07139-2 1100円

6桁の数字はISBNコードです。頭に978-4-480をつけてご利用下さい。

大工になるか、進学するか

母は、自分で何かをつくるのが好きな人だった。僕が学校に持っていくちょっとしたものや、僕の服をつくってくれることもあった。

岡家を新築するとき、そんな母の「何かをつくりたい」モードにスイッチが入ったらしい。母の話によれば、岡家の新居の間取りは、母がほとんど自分で設計したのだという。母は建築士の資格を持っていたわけではない。せいぜいが、大工さんにこういう間取りにしてほしいと掛け合ったということだと思う。今の時代なら施主が住宅メーカーと話をするようなことを、母親が直接大工さんに伝えたということだろう。

たとえば岡家の新居には、玄関を入ってすぐのところに和室が二部屋あり、襖《ふすま》を外せばそれがひとつの大広間になった。政治家だった父が、人を呼んで集会しやすいようにと考えたものだったらしい。玄関を入った目の前の壁に、僕に絵を描かせようとしたのも母親の発案だった。

こんなふうに母親は、建物の意味や人と建物の関係性を出発点に、家の間取りを考えた。それは、たしかに建築家がやるべき設計の基本だ。そういう母親だったからこそ、建築家という職業を、僕に教えることができたのだろう。

進路を決める日が一日一日と迫るなか、建築家という職業への憧れが、日増しに大きくなってきた。

図書館に行ってあれこれ調べてみると、建築家になるには「建築士」という資格が必要になるらしい。その資格を取るには、当時の制度で大学か短大、高等専門学校（高専）の建築科か土木科を卒業していなければかなり難しそうだ。

大学や短大に行くには、その前に高校に行く必要がある。でも、高校は内申書がボロボロで、まともなところには行けそうもない。そうなると、残る選択肢は高専だけだ。

高専は、高校と大学の中間のようなところで、中学校を卒業してから五年間、専門科目を中心に勉強する。建築学科がある高専で、家からいちばん近いのは、福岡県の筑後市のさらに南、熊本県との県境にあった国立有明工業高等専門学校（有明高専）だった。

そこは「国立」だけあって、学区の縛りもなく、九州各地から生徒が集まる学校だった。学区が違うのに内申書を見ても意味がない。だから、試験一発で合否が決まる。僕はその可能性に賭けたのだ。

つかみかけた「建築の真理」

僕が高専に通っていた一九八〇年代の前半、建築の世界には新たな動きが起きていた。

それが、「ポストモダン建築」、あるいは「ポストモダニズム」と呼ばれる動きだった。その名のとおり「モダン建築」（モダニズム）の考え方を否定して、その後（ポスト）に続く流れのことだ。

けれども、僕が田舎の学校で教わったのは、バリバリのモダニズムの考え方だった。学生の僕らも、ポストモダニズムという新しい流れが起きていることはぼんやり感じ取ってはいた。それは何やらおもしろそうで、とても気になるものではあった。それでも、高専の先生たちはみな、「あれは勉強しなくていい」と口を揃えていたし、僕にはモダニズムの理想がとても美しい「真理」に見えていた。

僕は心臓病と色弱を持って生まれ、自分の命にも、見ている世界にも、ずっと自信を持てずにいた。おまけに、字を読むのが今も昔も大の苦手だ。大人になってからの友人たちが言うには、「軽い読字障害ではないか」ということだ。少年・岡啓輔は、本を頼りに、知識を武器に、自分が拠って立つ理屈を組み上げることも叶わなかった。

だからこそ僕は、自分の足場になるような、揺るぎない「真理」を求めていた。これに従っておけば間違いはない――。そう思える確かなものを欲していた。

モダニズムの理想は、「近代建築（モダニズム）の三大巨匠」のひとり、ミース・ファン・デル・ローエの「Less is More（少ないことは豊かである）」という言葉に端的にあらわれている。装飾のような無駄を排除して、建築に必要な機能を、とことん合理的に、ひたすらシンプルに形にするのだ。

なぜ、モダニズムが生まれたのか。

僕の理解では、産業革命による急速な都市化がその理由だ。

産業革命は、一九世紀後半のイギリスで起きた。都市のあちこちに工場がつくられ、そこで働く大勢の人たちが、農村から都市に集められた。当然、その人たちが住むための家も必要になる。だが、人口が密集している都市には十分な土地もなく、大人数を収容できる巨大な建築をたくさんつくる必要に迫られた。

それまでヨーロッパの都市で巨大な建築物と言えば、装飾に彩られた大聖堂ぐらいしかなかった。住宅をつくるのに装飾をあちこち施していたら、大勢の住まいがない人たちの家ができあがるのに、時間がかかり過ぎてしまう。

その現実が、「これからの建築には装飾のない四角い箱でOKだ」という発想を生み、その「四角い箱」に美意識を持たせる形で、合理的・機能的で美しい「モダニズム」が生まれてきた。その理念は、僕には共産主義の理想と近く感じられた。

コルビュジェは、「近代建築の五原則」なるものを掲げた。そのなかには、建物の一階部分に壁をつくらず、吹き放ちの「ピロティ」を設けること、「屋上庭園」をつくることが含まれている。実際、コルビュジェの「ユニテ・ダビタシオン」は、一階部分がピロティになっている。ピロティも屋上庭園も、「土地はみんなのもの」という共産主義の理想を建築で表現しているように僕には見えた。

モダニズムのこうした理想が、僕には揺るぎない建築の「真理」に見えた。

ところが、僕らが卒業する一九八〇年代半ばには、状況が大きく変わっていた。「モダニズムはもう終わった」と、建築界で声高に叫ばれるようになっていたのだ。

新たな「真理」を育てあげる

そこまで世の中が動いてはじめて、僕は慌ててポストモダンの勉強をはじめた。

ポストモダンが言わんとするところは、要するにモダニズムへの批判だ。

モダニズム以前の建築は、その土地に根ざし、住む人たちの文化や習俗、宗教、趣味嗜好みたいなものを反映していた。ところがモダニズムは、そういう多様性を排除した。それはときに「インターナショナル・スタイル」とも呼ばれるように、無国籍で無機質な、どこに行っても同じような建築を、世界のそこら中に生み出すことになった。

モダニズムの理想は、たしかに分かりやすくて美しい。モダニズムは揺るぎない土台たりえたからこそ、世界中に一気に広まった。でも、産業革命から一〇〇年も経ち、二〇世紀も終わりに近づくと、その土台は足枷《あしかせ》のようになってしまった。建築にそれ以外の選択肢がなくなって、建築が窮屈で味気ないものになってしまった。

ポストモダンの思想を象徴的に示すのが、その提唱者のひとりとされるロバート・ベンチューリという建築家の言葉だ。彼は、ミースの「Less is More」をもじって「Less is Bore（少ないことは退屈だ）」とモダニズムを茶化した。

ほかにも、ベンチューリの言葉で僕にもグッときたものがある。

「Main street is almost alright（メインストリートはだいたい正しい）」

揺るぎない「真理」を探し求めていた僕には、「almost alright（だいたい正しい）」という発想そのものがとても斬新で、眩しいほどカッコよく見えた。

ポストモダンに続いてやってきたのが、「デ・コンストラクション（De-Construction＝脱構築主義建築、通称「デコン」）」の動きだ。当たり前になりすぎてしまった土台を解体し、建築にもう一度自由な風を吹かせようとした。新国立競技場の最初の設計案をつくったザハ・ハディド（一九五〇－二〇一六）や、曲面やうねうねした形の建築をつくったフランク・ゲーリー（一九二九－）がデコンのスターだ。

そもそもモダニズムは、産業革命によって急激な人口集中が進む都市で、住宅需要に供給が追いつかない現実から始まっている。そのための住宅を、掘っ立て小屋で済ますのではなく、美意識を持たせてつくろうとしたのがモダニズムの理想だ。

今ではもう、少なくとも先進国では、住宅の需要に供給が追いつかないなんてことはない。むしろ供給がどんどん過剰になり、建築はあり余っている。「モダニズム」の必然性はもはや完全に消滅している。

時代が変われば、求められる建築も変わるはずだ。ポストモダンやデコンは、新たな時代にふさわしい建築として、期待を背負って登場してきた。一九八〇年代には、過剰なまでの装飾やうねうねした曲線を施した建築がつくられ、一時は一世を風靡《ふうび》した。

それでもまだ、モダニズムの牙城は崩しきれてはいない。都市には、四角くて機能的な高層ビルが溢れている。

それは、建築が経済にがっちり組み込まれてしまったことの影響が大きい。さらには、モダニズム以降の建築家が、先人たちが苦労して編み出したモダニズムという建築のあり方に、深く考えもせず、安易に居座ってしまっているようにも思えてならない。

モダニズムをどう乗り越えていくかは、学校で教えられるようなことではない。その道筋は、建築家がひとりひとり自分で考え、自分がつくる建築で実践していかなければならない。

脱構築的に建築をつくることは可能だろうか

高山建築学校の倉田先生からも、「脱構築」についての説明を聞いたことがある。そのとき、脱構築的につくられた建築として、チベットの「ポタラ宮」の名を挙げていた。

どういう建築なのか、僕はよく知らない。見たものに影響されやすい性分を自覚していて、「ポタラ宮」を見ないようにしているからだ。

だからこそ、「蟻鱒鳶ル」をつくりはじめる前にテレビで見かけた映画のワンシーンが、印象深く心に残っている。ブラッド・ピット演じるオーストリアの登山家による、ダライ・ラマとの交流を描いた『セブン・イヤーズ・イン・チベット』（一九九七年公開）。そのなかで、チベットの人たちが宮殿をつくるシーンが描かれている。

人々は、おそらく建築の基礎工事のため、地面を掘っている。ところが、土の中からミミズがたくさん出てくると、みながミミズを助けることに必死になって、工事が止まってしまう。そこでシーンは変わり、その後がどうなったかは推し量るしかないけれど、きっと、「ここはミミズが多いから掘るのはやめよう」と、建築計画が変わっていったのではないかと思う。「ポタラ宮」も、そんなふうにしてつくられたのだと、倉田先生は話されていた。

チベットの人たちも、建物をつくるときは、最初に計画のようなものを立てているはずだ。それでも、現場でミミズに遭遇すると、つくり方をしなやかに変えていく。

こんなふうに脱構築的に建築をつくれたら、どんなにかいいことだろうと思う。

学び舎での五年間

高専にいた五年間で、僕は建築について多くを学んだ。建築の土台になる知識や技術は十分身に付けることができたし、学校の図書館には、建築の本や写真集がたくさんあって、僕の建築の世界をぐんと広げてくれた。

年に何回か出される設計の課題は、日頃の妄想の成果を存分に発揮できる機会で、待ち遠しかった。一年生のときには住宅を、二年生のときには保育園を、三年生になると図書館、四年生になって小さなビルを、五年生の卒業設計で大きな公共建築を……。どの課題も本当に楽しくて仕方がなかった。

でも、学校で建築を学ぶことには、ある面で限界を感じていた。

建築を成り立たせる物理法則や社会のルールを学ぶことはできても、建築をどうつくるかという「デザイン」は、学校ではとても教われるものではない。「建築設計士」は育てられても、「建築家」は育てられない。

建築のデザインは、要するに、「自分だけの建築」をつかむことと同義だ。それを教えられる人がいるとすれば、建築のあり方やデザインについて、最前線で悩み続けている人だけだ。

デザインを学ぶ場は、学校の外に求めるしかない。だからと言って、社会に出ればいいというわけでもない。会社で設計業務に明け暮れても、「自分だけの建築」、「自分だけのデザイン」をつかみとることはできない。

そのことを僕は、高専卒業後の二年に満たない会社員生活で思い知ったのだった。

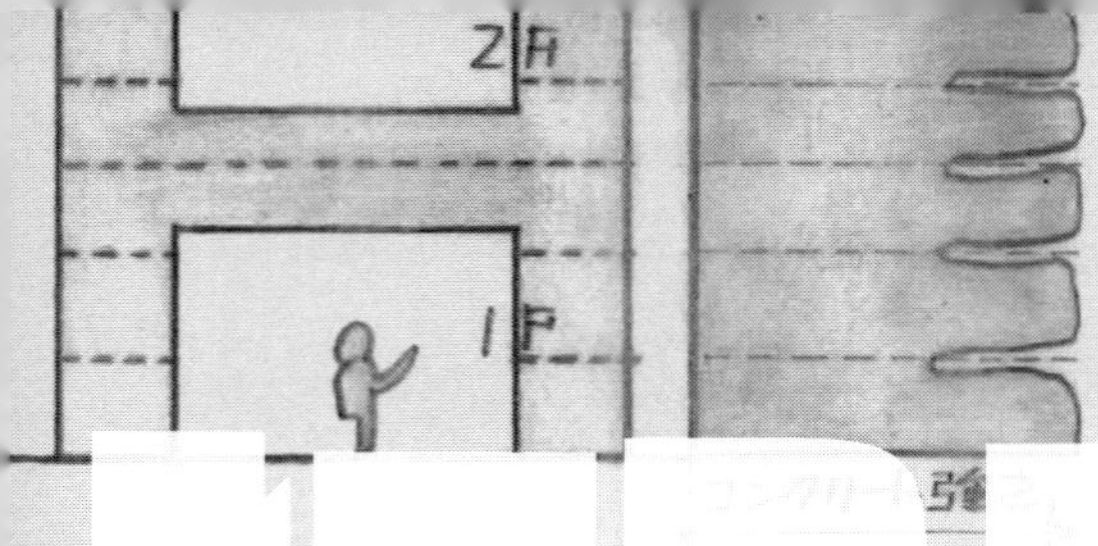

	処理方法	引っ張り強度の百分率(%)
水平打ち継ぎ面	●レイタンスを取り除かない場合	45
	●打ち継ぎ面を約1mm削った場合	77
	●打ち継ぎ面を約1mm削り，セメントペーストを塗った場合	93
	●打ち継ぎ面を約1mm削り，セメントモルタルを塗った場合	96
	●打ち継ぎ面を約1mm削り，セメントペーストを塗って打ち継ぎ，約3時間後に再振動した場合	100

(注) 引っ張り強度は打ち継ぎのないものを100とした場合

資料：コンクリート工学ハンドブック，

船出の日

…囲にもどし，知識をもち，ちゃんとした気持ちで，工事する事で，僕らは，建築に対する新たな態度を発見出来ると思う。 (03.03.16，岡土建・岡啓輔)

胸ポケットに辞表を忍ばせて

一九八七年七月一日。その日も僕は、いつもの時間に目を覚まし、いつものように出かける準備をはじめた。

その一年前の四月、有明高専を卒業した二〇歳の僕は、東証一部上場の住宅メーカーに就職していた。三カ月の新入社員研修を終え京都支店に配属されると、それから一年間、京都市の隣、宇治市にある会社の寮から京都市中心部にある支店のオフィスへ、毎日自転車で通う生活が始まった。

京都は建築好きにとっては見どころの尽きない町だ。木造伝統建築が町のあちこちに建ち並び、名立たる建築家が設計した新しい建築も多い。寮から会社までは距離にして一五キロほど、まっすぐ行けば四〇~五〇分の通勤だが、会社の行き帰りに寄り道をして、いろんな建築を見て回るのが日々の楽しみのひとつだった。

身に着けているスーツと革靴は、就職活動のために買ったものだ。それは僕にとって文字どおりの一張羅で、入社後は毎日僕と会社員生活をともにした。スーツはヨレヨレにくたびれ、革靴の先っちょはパカパカになっていた。

世の中は後に「バブル」と呼ばれる空前の好景気に湧いていた。家を建てる人たちは引きも切らず、会社もイケイケドンドン、テレビCMもバンバン打っていた。儲かっているのが下っ端の僕にもよく分かった。でも僕は、世の中や会社のお祭り騒ぎから、意識的に距離を置いた。服にも遊びにもほとんどお金を使わず、一年で一〇〇万円以上を貯金した。

社会人二年目が始まってしばらくすると、寮を出て一人暮らしをはじめた。場所は、京都駅の東、桜や紅葉で有名な東福寺にもほど近い、東山九条の今熊野《いまぐまの》だ。そこで僕は、来るべき日に向けて着々と準備を進めていた。

この日、スーツの左の胸ポケットに、僕は辞表を忍ばせていた。

楽しかった住宅設計の仕事

会社や仕事に大きな不満があったわけではない。むしろ、仕事そのものは楽しかった。高専の建築学科を卒業した僕は、木造住宅や小さなビルの設計部門に配属された。どんな建物の設計もおもしろくて仕方がなかった。

最初はひたすら先輩のお手伝いだ。今の時代、設計と言えばパソコンを使うのが当たり前だが、そのころはまだ建築図面と言えば手描きの世界。僕は「パース」と呼ばれる建物の立体完成予想図を描くのが得意だった。「困ったときの岡頼み」みたいな感じで、パース描きの仕事をよく頼まれた。

「岡、この客どうしても落としたいんだ。一枚かっちょいいの描いてくれ」

二次元の紙の上に描いた図面をどうやって立体に見せるか。要するに、遠近法で絵を立体的に見せるのがパースの腕の見せどころだ。

絵のなかのある一点で、建物の水平線が交わるようにする。すると、その一点が遠くにあるように見える。「消失点」と呼ぶその一点を、ちゃんと計算してきれいに描くのがパースの基本だ。建物と風景の輪郭を描いたら、あとは色をつけていく。色遣いや塗り方も、かっこよく見せるには重要だ。僕は水彩絵の具を重宝していた。

仕事は毎日ほぼ定時で終わり。帰りがけには、京都の新旧さまざまな建築を見て回る。お気に入りは、京都の繁華街、三条河原町の近くにある、安藤忠雄が建築した商業ビルの「タイムズ」だ。地下一階・地上二階の小ぶりなビルは、三条通りとせせらぎのような高瀬川に面していて、地下のフロアは、地下なのに川に面して開けている。とても気持ちのいい感じの建物だ。通勤経路からは少し外れているのだけれど、毎日のように遠回りして立ち寄っていた。

まずは一年、「会社員」なるものをやってみよう

実は、会社を一年で辞めることは、入社する時点で半ば決めていたことだった。もう少し正確に言うと、とりあえず「会社員」なるものを一年やってみようと思っていた。

高専を卒業するとき、僕は理想の人生を思い描いていた。

大きな組織に頼らずに、自分の足で立って生きていけるようになること。そして、自分にしかつくれない建築をつくる建築家になってみせる――。

そうなりたいと強く願ってはいたけれど、自分に果たしてその力があるのか、二〇歳そこそこの時点ではまったく自信がなかった。

そこでまず、自分の理想の反対を試してみることにした。

会社員として大きな組織の中で生きるとはどういうことか。まずは一年、それを自分で体験し、理想の反対側から理想の人生を見つめ直してみよう。そのうえで、それからあとの人生を会社員として生きるか、会社の外に出て、自分の足で歩んでいくかを決めよう。

学校を卒業するとどこかしらに就職する。それはとくに地方の学生にとって、当たり前の選択だった。学校の成績のいい人ほど、名の知れた大きな組織の一員になる。それが、僕がいた九州の田舎の学校の成功のイメージだった。高専の同級生で、就職を選ばなかっ

た人は誰もいない。親戚や地元の友人も、身近な人は勤め人か農家のどちらかだった。組織は船にたとえられる。大きな船では、船がどこに向かうべきかは船長さんが決めてくれる。その目標にみなが力を合わせて進んでいく。でも、二〇歳そこそこの人間に、何のためにその船に乗ったかなんてほとんど分かりっこない。それでも、各自が与えられた仕事を頑張っていれば、船はどこかへ進んでいく。

きっと、大きな船に乗らなければ辿り着けない場所がある。それは僕も直感で分かっていたし、それも素晴らしいことだと思う。でも、どこに向かうかも分からずに、どこかへ進んでいってしまうことに、僕はある種の気持ち悪さのようなものを感じた。

とはいえ、いきなりひとりで大海原に漕ぎ出すのはどうにもキツイ。いったんは大きな船に乗り、海がどういうところかをこの目で見てみよう。でも、そこに長居はしない。会社を辞めるのは、入社した時点での既定路線だったのだ。

辞めるつもりが、思わぬことに……

七月一日、辞めるつもりで会社に行くと、朝礼で思わぬ事態が待っていた。

僕の東京本社への異動が、みなの前で発表されたのだ。完全な祝福ムードに、とてもじゃないけど、辞表を出せる雰囲気ではなくなってしまった。

いつどうやって、辞めることを切り出すか……。昨日の晩に何度も何度もシミュレーションを繰り返し、ドキドキしながら「そのとき」を見定めていたというのに、こんな展開は想定外もいいところだった。

その日は結局、辞めるつもりだったことは言い出せず、なんとも収まりのつけようのない気持ちで一日を過ごした。それというのも、今週末には東京本社に行くようにとのお達しで、上司や人事の人から転勤の段取りの説明を矢継ぎ早に受けたからだ。

家に戻ると、気持ちがまとまらないまま、引っ越しの荷造りをする。

荷造りといっても、手持ちの荷物はほとんどない。一年で会社を辞めることを常に頭に置いていたし、給料の大半を貯金していて、ものはほとんど買わなかった。

本社出勤初日、僕の上司になる課長さんのところへ挨拶に行く。

そのとき、僕は思い切って切り出した。

「あの……、実はこれ……、辞令の日に会社に渡そうと思ってたんですけど……」

胸ポケットにしまっていた辞表をおそるおそる差し出した。

課長さんは、驚いた表情を見せながらも、その目で「話してごらん」と僕を促した。

「そのつもりで会社に行ったんですけど、急に本社に異動だって言われて、出すタイミングを逃しちゃって……。本当は転勤する前に辞めるべきだったのかもしれません。判断が遅れて申し訳ありません」

課長さんは、じっと黙って僕を見つめる。

「でも、僕にかかったお金を差し引きして、会社がプラスになるぐらいまではここで働かせてもらおうと思います。その間は、毎日終電まで働きます。いずれ辞めるつもりがあるのなら今すぐ辞めろと言われたら、それももっともだと思うので、今回の転勤にかかったお金は僕が払います」

「勇気を出して話してくれてありがとう。でも、何もそんなに急いで辞める必要はないよ。人生は長いんだからね。これはしばらく私に預からせてくれないか？」

「分かりました。とにかく必死で働きます」

それからというもの、毎日毎日遅くまで働いた。会社への赤字を清算すべく、僕は毎日毎日ひたすら図面を描いた。

その年の忘年会。一次会が終わると、僕は課長さんに連れられて二人で飲みに行った。

「あの辞表のことはまだ本気なのかい？」

「はい、本気です」

「そうか……。じゃあ、これからあとは、君の好きなようにしたらいい。この数カ月で、会社はだいぶ儲けさせてもらったからね」

「分かりました。ありがとうございます。じゃあ、年内で辞めさせていただきます」

結局、僕の会社員生活は一年八カ月で終わりを迎えた。

お金も二〇〇万円以上は貯められた。しばらくは生きていけるだけの貯金ができたこと。自分が物欲に負けずに暮らしてこられたこと。それが会社を辞めて生きていくうえでの大きな自信になった。

僕は誰のために家をつくっているのだろうか……

それでもやっぱり、大きな船を後にして、ひとりで海に泳ぎ出していくのは怖くて怖くて仕方がなかった。

僕はなぜ、怖さを振り切ってまで、会社を辞めなければならなかったのか——。端的に言えば、ここにいても「建築家」にはなれないと分かったからだ。図面をうまく描く「建築設計士」にはなれても、人の心を震わせるような「建築家」にはなれない。

会社での仕事や待遇に不平や不満はなかったけれど、いざ会社のなかで働いてみて、僕には受け入れ難いことがいくつかあった。

東京本社に移ってから、数え切れないほどの住宅を設計した。バブルまっただなかの東京で、お金に糸目をつけない豪邸の設計を担当したのも一つや二つではない。そうやって自分が設計したものが、「岡くんのおかげであの仕事とれたよ、ありがとう！」なんて営業の人から褒められると、「うひょっ」と舞い上がるほどうれしかった。

でも、そうやってできあがった建築に、心の底から思い入れなど持てなかった。それどころか、そのすべてに対してやりきれない気持ちを抱いていた。

東京に移ってからというもの、設計業務は机の前だけで完結する仕事だった。設計前に家を建てる土地を見に行ったこともなければ、施主であるお客さんに会ったこともない。設計した後も、図面が形になった写真すら見たことがなかった。

もやもやは、日に日に大きくなった。建築は、その土地とともにあり、そこに住まう人、その建築を使う人たちとともにあるはずなのに、土地がどこにあるのかも知らなければ、施主がどんな人かさえ知りもしない。自分が大切にしているものを、自分の手で貶《おとし》めている気がして、毎日心がちくちくと痛んだ。

こんな形で建築の仕事を続けていくわけにはいかない。設計の技術は身についても、建築の心を失ってしまう。僕は、自分が大切にしているものともう一度きちんと向き合うために、やっぱり会社を辞めなければいけなかったのだ。

組織の〈分断〉の狭間で

仕事の進め方にもどうにも引っかかることがあった。大きな組織のなかで、仕事は細切れに〈分断〉されているように感じた。

僕が考えていた建築の仕事とは、土地を見て施主の話を聞き、見聞きしたものを図面に落とし、現場に赴《おもむ》いて建築ができあがるまでを見届けることだった。そうしてはじめて、建築は土地や人とともにあるものになっていく。

ひとりが建築の全体と関わるようになれば、ひとりの設計者が建築のつくり方の全体を見られるようになる。それは、独立した建築設計士として生きていくうえで、間違いなく欠かせない能力だ（ちなみに、建築家という肩書きは、芸術家と同じく周りが尊敬を込めて呼ぶものだ。自分で名乗るようなものではない。建築設計の全体をひとりで手がけられたとしても、その人が建築家であるかは周囲が決めることだ）。

そうしたすべてをひとりが引き受けるのは、大きな組織のなかではたしかに効率が悪いのかもしれない。でも、組織はもう少し別の理由で、「分業」を推し進めているように感じられた。

会社はあえて、全体が分かる人が育たないようにしていると感じられた。下手に全体が分かる人を育ててしまえば、独立されでもしたら損失だし、そのまま会社に居座られても、跳ねっ返りが強くなって扱いづらくなってしまう。

だから仕事を〈分断〉し、部分だけに長けた人を育てようとする。部分の仕事をそつなくこなし、組織の一員として扱いやすい。そういう型に、人を嵌《は》め込もうとしているように感じられた。

ゼネコン大手に勤める知人に聞くと、今でも似たようなことが起きている。今の時代、大型商業ビルの設計をするのに、「CAD（コンピュータ支援設計）」と呼ばれるコンピュータソフトは欠かせない。でも、全体を取り仕切る人は、CADを使って細部を設計するところまではしない。そういう仕事は、「CADオペレータ」と呼ばれる派遣社員を雇って、社員は指示を出すだけだ。だから、細かな操作方法は分からない。

僕が目指していたのは、建築の全体を理解し、自分の力で、自分だけの建築をつくれるようになることだった。

心臓病の手術

僕は心臓病を患って生まれてきた。一歳のときに受けた健康診断で、そのことが分かったらしい。

早く手術をしないと、二〇歳まで生きられない――。

幼いころにそのことを聞かされたものの、手術を乗り切る体力も必要で、すぐに手術するのも危険が大きすぎた。ときどき胸がキュッと痛むたび、僕はこのまま死んでしまうかもしれないと恐怖に襲われた。

手術をすることになったのは、高専一年生の一五歳のときだ。入院したのは一月半。一カ月近くある長い春休みを利用して、クラスメイトから少し遅れて新学期を迎えた。

(麻酔をされたまま、目が覚めなかったらどうしよう……)

そう思うと、手術の前は夜も怖くてなかなか眠れなかった。

手術は無事に成功した。医者からは、「もうこれで、この病気で死ぬ危険はない」と聞かされた。でも、心臓に負担がかかる激しい運動は今後もやめておいたほうがいいとのこと。それに、手術後すぐは、縫ったところがちくちく痛む。

けれども、手術を境に、僕の気持ちは大きく変わった。胸の手術跡は痛くとも、もう、すぐに死ぬことはないのだと思うと、それだけで生きる勇気と希望が湧いてきた。

手術をするまで、小さいころの僕がずっと考えていたことがある。

心臓病を持って生まれてきた僕は、生きているあいだ、この命をどう使えばいいのだろう?　あるいはどう使うべきなのだろう?

手術を終えたその日以降は、それが、「この生かされた命を粗末に使ってはいけない」という思いに変わった。

会社勤めのあいだも、その思いを忘れたことはない。病室のベッドで感じた勇気と希望を思い返すたび、いつも同じ結論に辿り着いた。

(ここは、自分の命を使うための場所ではない。自分の人生を賭ける場所ではない)

その思いから、僕は会社員であることをやめた。

田町駅朝八時、生気のない無数の顔

僕はいま、会社員を身近に感じる場所にいる。「蟻鱒鳶ル」がある東京都港区三田四丁目は、オフィス街のすぐ近くだ。

土地を買うとき、正直この場所でいいのかすごく迷った。会社員が大勢いるこの場所に、自分からもう一度戻っていくことの意味を、自分で整理できずにいた。

僕は会社を辞めて以来、長いこと、会社とは縁遠い場所で生きてきた。

新宿歌舞伎町のホテル街や高円寺など、サブカルというかアングラというか、そういう雰囲気が漂う場所に好んで住んだ。大きな船には乗らず、自分の力で生きようとしている人たちと、楽しくわいわい過ごしてきた。生活はギリギリで、大海原の荒波を間近に感じながらも、たくましく生きている人たちと過ごす時間を大切にしてきた。

だから、僕ら夫婦の家をつくるなら、下北沢や高円寺、三軒茶屋のような、いかにもそういう楽しげな人たちがいそうな場所がいいと思っていた。けれども、そういう町の物件とは、なぜかとんと縁がなかった。

三田に住みはじめて一〇年以上。やっぱり「住めば都」で、ここに「蟻鱒鳶ル」がある風景を早くつくり上げたいという気持ちでいっぱいだ。

それでもここには、いまだに慣れない光景がある。

朝の出勤時間の田町駅近く――。

会社員の人たちが灰色のスーツに身を包み、行列をつくってうつむき加減でぞろぞろと歩いている。顔には生気が感じられない。無言のまま、群れをなして歩いていく。

その光景は、僕の心を否応なく締め付ける。

夕方五時にもなると、今度はそれと真逆の景色が駅では広がる。

苦役から解放されたような清々しい表情で、ある人は家路につき、ある人は一杯引っかけに店の暖簾《のれん》をくぐる。

こうした光景を見ると、生前の岡本太郎（一九一一―一九九六）が、テレビで嘆いていた様子が鮮明に頭に浮かぶ。日本人の笑顔は、居酒屋にしかないのかと。

今の日本では、学校を卒業すると、多くの人が会社員になろうとするけれど、本当にそれでいいのだろうか？

みながみな、ネクタイを締めスーツを着て、生気のない顔で会社に行くことが、本当に幸せと呼べるのだろうか？

生きるというのは、一瞬一瞬に命を賭けることだ。

一年間つまらない仕事をしたら、人生の何十分の一かを無駄にしたことになる。命の何十分の一かを捨ててしまったも同然だ。もし会社員になって、四〇年間つまらない仕事を耐え抜くのだとしたら、そのつまらないことに人生の大半を賭けることになる。

僕は、僕の限りある命を思う存分使い切るため、会社員であることをやめ、「蟻鱒鳶ル」をつくりはじめた。

東京・三田で「蟻鱒鳶ル」をつくるのは、問題のど真ん中で、問題の存在を知らしめるためなのだ。

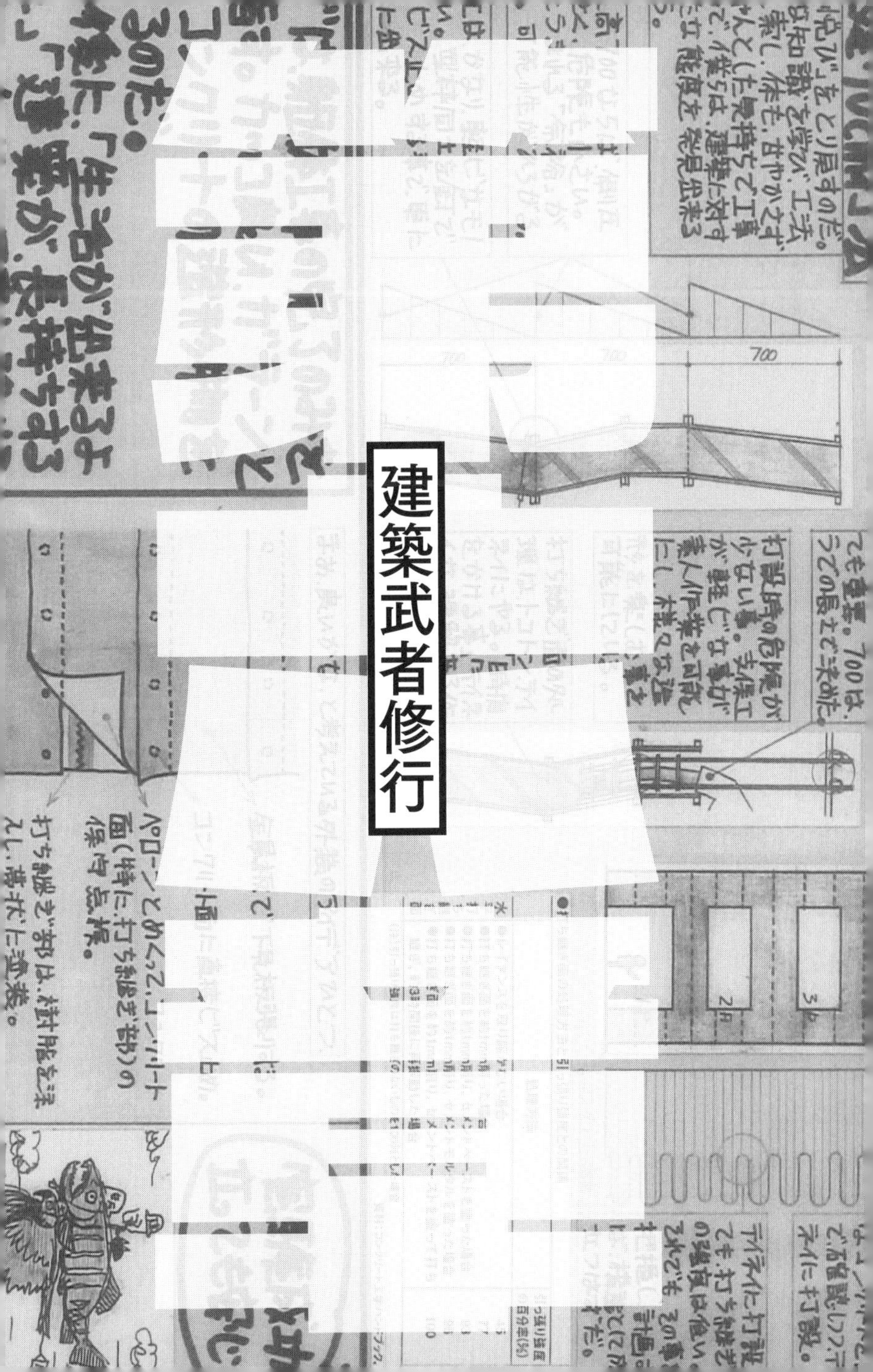

建築武者修行

建築を巡る旅

一九八七年一二月——。会社をやめた僕は、愛用の自転車に跨り、故郷の九州・筑後へと向かった。

東京から一二〇〇キロ近い道のりを一〇日ぐらいかけて実家に帰り着く。家では、最後まで会社を辞めることに反対していた父と母が、いかにも心配そうな面持ちで僕の帰りを待っていた。

それからしばらく、僕は母校の有明高専の図書館に通いはじめた。会社を辞めて時間を自由に使えるようになったからには、やっておきたいことがあったからだ。

僕はあまりにも、建築を知らなかった。

高専で教わったことは、建築をつくるために必要な最低限の理屈でしかない。柱と梁と壁で建築物を安定させる構造力学や、建築材の特性を学ぶ材料工学、建築の法規や歴史など。一級建築士に受かるぐらいの勉強は十分にさせてもらったけれど、高専は決して「建築家」を育てるような学校ではなかった。

建築家になるために、僕だからこそつくれる建築のデザインをこの手につかむために、僕にできること、そして、すべきことはなんだろうか――。

考えついたのは、「いい」と言われる建築を少しでも多く、この目で見て体感することだった。

会社を辞めた時点で、自転車で日本各地の建築を見て回ろうと心に決めていた。その準備のため、建築にまつわる資料が豊富な母校の図書館を使わせてもらったのだ。

図書館にひとりでこもり、過去二〇年ぐらいの建築雑誌を引っ張り出して、「いい」と評判の建築をひとつずつ、「見ておくべきリスト」に加えていく。

僕の主観は一切入れない。建築の良し悪しを判断できる審美眼を自分が持ち合わせているとは思えなかったし、僕よりはるかに建築を学んできたはずの人たちが「いい」と言うからには、何がしかのいいところがあるはずだ。それが何かを自分で感じ取ることが、建築探訪の目的だった。

リストアップを終えると、今度はそれを地図にマッピングする。当時はスマホどころか携帯電話もインターネットも存在しない。見ておきたい建築の場所を地図に書き込み、自転車で効率的に回れるようにルートを考える。それも地図に書き込んでいく。

こうして僕は、建築武者修行の旅の準備をせっせと進めた。

建築を描き、建築と添い寝する

実際に旅に出たのは、春の気配で少し暖かくなりはじめた三月半ばごろのことだ。当時の僕は今よりずっと痩《や》せていて、体力にはまったく自信がなかった。愛用の自転車に跨《また》がり、まずは少しでも暖かい九州の南のほうへ向かう。背中には、日本の名建築をマッピングした地図とスケッチブック、それとテントを背負っていた。

旅の基本は野宿だ。洗濯物が山ほどたまるか、天気が悪すぎるときか、疲労でフラフラになっているときだけは、ユースホステルで雨風をしのいだ。

最初にどの建築を見たか、今となっては覚えていない。歯抜けで残っている当時のスケッチブックを見返すと、旅をはじめた一九八八年には、鳥取県の山中の「三佛寺投入堂《さんぶつじなげいれどう》」や、兵庫県にある「横尾忠則現代美術館」を訪ねていた痕跡がある。九州を南下した後で北上し、本州へ渡っていったのだろう。

建築を巡る旅の歩みは、とてもゆっくりとしたものだった。

それには、移動手段が自転車だったこと以外にも理由がある。建築をじっくり見るためだ。ひとつの建築で短くても数時間、長いときは六時間ぐらい過ごすこともよくあった。

最初の一時間ぐらいは、建築のよさを味わうため、とにかく建築を眺めつくす。建築の遠くから近くから、前から横から後ろから……。中に入れるときは、内部のつくりや装飾までしげしげと。

その建築の良さを自分なりにつかめたら、良さにより深く迫るため、今度はスケッチをはじめる。建築を「ちゃんと見る」のは意外に難しい。しっかり見ているつもりでも、見ているだけだと、五分もすると注意散漫になってしまう。

建築を描き写すことを意識すると、建築の周りの風景や細部にも、自然と目が行くようになる。その間ずっと座って、頭を一センチも動かさないように気をつけて建築と我が身を一つにする。そうやって黙々と建築を描いていると、最初に見たときには気づかなかった建築の姿が、少しずつ見えてくるような気がした。建築を描くこ

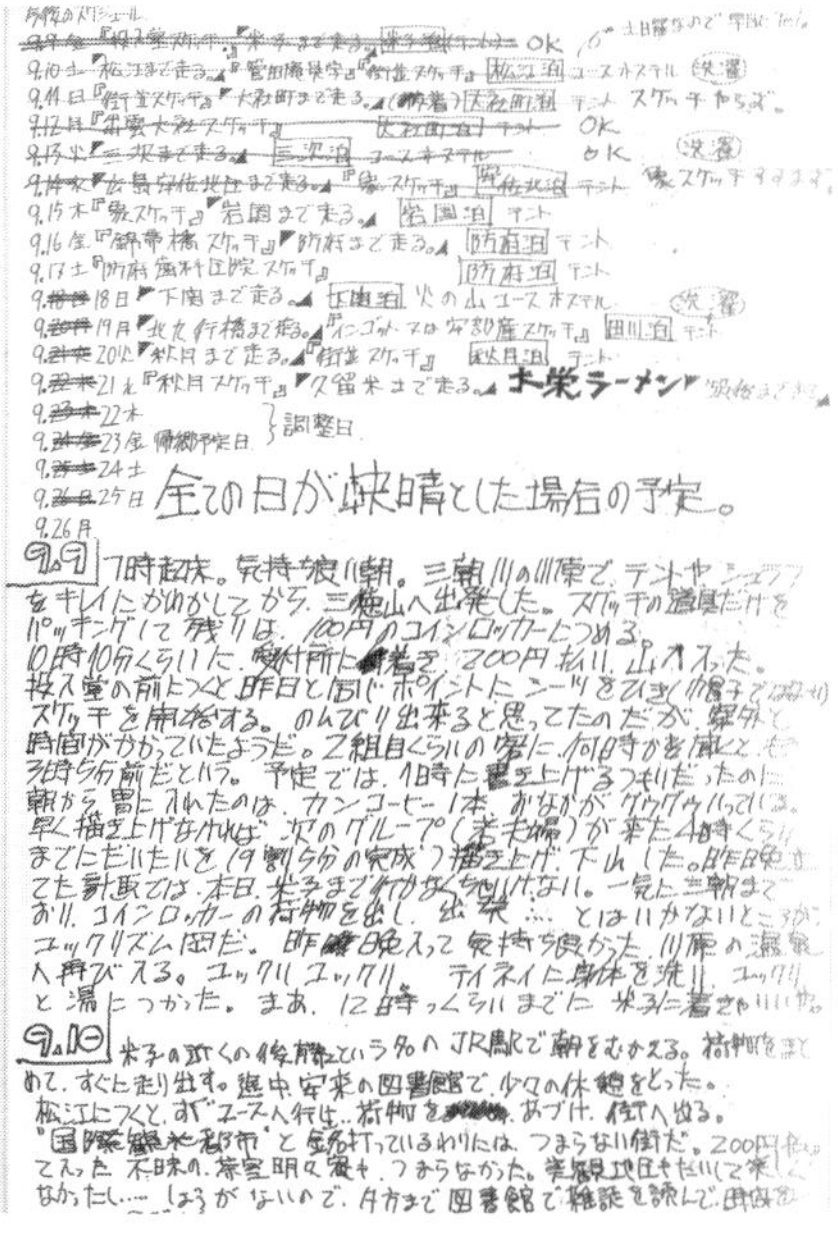
9.15木『象スケッチ』『岩国まで走る。』岩国泊 テント
9.16金『錦帯橋スケッチ』『防府まで走る。』防府泊 テント
9.18日『下関まで走る。』下関泊 火の山ユースホステル 洗濯
9.20火『秋月まで走る。』『街並スケッチ』秋月泊 テント
9.21水『秋月スケッチ』『久留米まで走る。』
9.22木
9.23金 帰郷予定日 }調整日
9.24土
9.25日 全ての日が快晴とした場合の予定。
9.26月
9.9 7時起床。気持ち良い朝。
スケッチを開始する。のんびり出来ると思ってたのだが、
9.10 JR駅で朝をむかえる。
めて、すぐに走り出す。途中、安来の図書館で、少々の休憩をとった。
松江につくと、すぐユース入行き、荷物を
、つまらない街だ。

建築武者修行時代につけていた日記とスケッチ

とは、建築とのとてもいい向き合い方なのだ。

自転車を漕いで建築を巡り、建築をじっと見つめてスケッチを描く。それだけで、傍《はた》から見れば十分に建築オタク丸出しだろう。だが、目の前の建築を理解したくてたまらなかった僕は、ときには、さらに思い切った行動もとった。

建物の脇っちょにテントを立て、建築と添い寝して一夜を明かすのだ。

「ここは！」と思う建築では、状況が許せば、建築のそばで建築とともに夜を過ごした。奈良の「法隆寺」、安藤忠雄が淡路島（兵庫県）につくった鉄筋コンクリート造の寺院建築「本福寺《ほんぷくじ》水御堂《みずみどう》」や、建築家グループの「象設計集団」が設計した沖縄の「今帰仁村《なきじんそん》中央公民館」など。警備員がいる場合は、野宿することを極力伝え、警備員がいないところは、様子を見て問題なさそうならテントを張る。名建築を独り占めできる夜の時間は、僕にとって至福のひとときだった。

こんな調子だから、一日に回れる建築は一カ所か二カ所がいいところだった。歩みはとんでもなくのろい。

しかも、僕は体が決して強くないものだから、月に一回ぐらいは寝込むのが常だった。旅が幾日も続くと日に日にげっそりと痩せ細る。体力が尽きてくるのを感じると、近場のユースホステルに駆け込み、そこで二〜三日はひたすら泥のように眠る。それで体力が回復してくると、また自転車に乗って建築を巡り、建築を描き、建築とともに夜を明かす。

会社を辞めた翌年は、冬が近づいてくるまでこんな生活を送った。

翌年以降はさすがに日数が減ったものの、一年のうち少なくとも二カ月ぐらいは、自転車で建築を巡る旅を、三〇歳になるぐらいまで続けた。その間およそ七〜八年、ざっと日本を一周半ぐらいは周ることになった。

「世界を学び直す」ための場所

「高山建築学校」に立ち寄ったのも、建築を巡る自転車の旅の途中だった。

その学校は、北アルプス（飛騨山脈）の山深い高原の集落の一画にある。この学校が開かれるのは夏だけだ。高原地帯にあるとはいえ、夏の陽射しが照りつけるさなか、山道を自転車で登り続けるのは、なかなか大変なことだった。

僕が高山建築学校を目指したきっかけは、僕が尊敬する建築家のひとり、石山修武さんにある。

ある日、高専の図書館で『新建築』という建築雑誌をぱらぱらと見ていたら、石山さんが書かれた文章を見つけた。見出しには、「高山建築学校への案内」とある。

たしか見開き二ページほどの文章だったと思う。そこにはこんなことが書かれていた。

――この日本にはまだ、建築をなかなか諦めきれずに必死に取り組んでいる奴らがいると思う。そういう奴らは、どうかこの夏、高山に集まってくれ――

学生だった僕にとって、建築は諦めるどころか、まだはじまってすらいない。高山に行けば、僕が分かる言葉で建築を語る石山さんから、大切なことを教われるかもしれない――。そんな期待を抱いて、いつかは高山建築学校に行こうと心に決めていた。一九八八年の夏、そのとき抱いた念願を果たすつもりで、僕は高山の地を訪ねたのだ。だが残念なことに、お目当てだった石山さんはこの年不参加だった。ところがそこで、僕のその後の人生を決める師匠と出会うことになる。それが、建築家の倉田康男先生だ。

高山建築学校は倉田先生が一九七二年にはじめた私塾だ。開校してしばらくは場所を転々としていたが、一九八〇年、数河《すごう》の集落に倉田先生が私財を投じて土地を手に入れる。そこが学校の拠点になり、セルフビルドでさまざまなものをつくる試みをはじめた。そこに数多くの建築家や知識人が集まり、建築のあるべき姿を模索し続けていく。二〇〇〇年七月に他界されるまで、倉田先生は高山の運営に尽力されてきた。

倉田先生は、ことあるごとに、よくこんなことをおっしゃっていた。

——建築を創るということは、そこに一つの世界を生み出す大事業だ。それなのに、何の悦びもなくして建築を創ってみたところで何になるだろう。

もう一度根源に立ち帰って、建築というものを考え直さなければならない。それは、世界を学び直すということに他ならない。そのためには、現在の大学という場所は全く役に立たず、建築家達の討論は全く不毛だ。さらに、現在の都市空間は本格的にものを考えるには極めて不適当だ。

世界を学び直すためには、そのための時間と場所が必要だ。だから、この高山建築学校を立ち上げたのだ——

この倉田先生の言葉は、僕の心にぐさりと突き刺さった。

高山では、僕が会社で抱いた違和感を、みな当たり前のように持っている。建築を自分の手に取り戻そうと本気になっている人たちが、ここにはたしかにいる。

そういう建築とまっすぐ向き合おうとしている人たちと出会えたことが、僕にはかけがえのない悦びだった。

ここに来れば、僕が僕の建築をつくるために必要な何かを見つけられるかもしれない——。その期待感を胸に、僕は毎年のように高山へと向かうことになった。

「ちっちゃな悦びを買うな」

倉田先生が存命中、高山建築学校は毎年七月二〇日から八月二〇日まで開催されていた。参加者は多いときで二〇〜三〇人、主には倉田先生が講師をされていた法政大学の学生と、石山さんが言うように、まさしく「建築を諦めきれない」社会人が何人かいた。

学校の敷地はおよそ四〇〇〇平米。そこにある築何十年かの二階建ての日本家屋が校舎兼宿舎だ。一階の広間を土間に改修し、そこが食堂と講義室を兼ねていた。一階には、倉田先生や講師として招かれた人たちが寝泊まりする部屋や用具室に加え、台所や洗面所など生活のための設備もある。学生たちは、二階の合計二〇畳の和室で寝泊まりし、その横にある製図室で、図面を引いたり学生どうしで議論を繰り広げたりした。

一カ月ものあいだ大勢の人間が暮らしていこうと思ったら、当然のことながらそれなりの食べものが必要だ。建築学校というぐらいだから、建築資材やら工具やらを揃えるのにもお金はかかる。

そのための費用は参加者から集めていた。僕が通っていたときは七万円だった。集めたお金から、日々の食事やもろもろの設備にかかる費用を捻《ひね》り出した（ちなみに、倉田先生が二〇〇〇年七月の開校直前に亡くなられて以降も、高山建築学校は継続している。今は毎年八月一〇日〜二〇日の一一日間が開校期間、参加費は四万円だ。僕も学校の運営に携わっている）。

二〇歳前後の若者たちは、大したこともできないくせに、飯だけは一人前どころか何人前もたらふく食べる。その食費を限られたお財布で賄うのはけっこう至難の業だ。米・味噌・醤油のような生きるために必要な最低限の食糧のほか、おかずは一日二〇〇〇円と決められていた。一人あたりの金額ではない。参加者が一〇人いようが二〇人いようが、学校全体で一日二〇〇〇円だった。

カレー粉ひとつ買うのも贅沢で、食べたい盛りの若者には、きわめて過酷な状態だった。だが、それには食費の節約という以上に、倉田先生のはっきりとした狙いがあった。都会を遠く離れた飛騨の山中で、建築をつかもうとする若者たちをある種の禁断状態に追い込み、建築と徹底的に向き合わせる——。

高山建築学校は、まさにそのための場所だった。

学校から歩いて数分のところに、地元の人が営む小さな商店がある。僕らがそこで缶ジュースなんか買おうものなら、よく小声で文句を言われた。

「お前ら、くだらねぇことしてんじゃねぇ。一〇〇円玉でなぁ、ちっちゃな悦び買ってんじゃねぇ」

今なら倉田先生が言おうとしていたことの意味が身に沁みてよく分かる。安易に悦びが手に入る環境で暮らしていたら、人間はどんどん飼い馴らされていく。そんな弱っちい心では、建築と向き合うことなんてできやしない。思えば、石山修武さんも、「ちっちゃい悦びにすがるな。飢えとけ、惨めになっとけ」と、似たようなことをよく仰っていた。

僕が高山に通いはじめてから、お目当てだった石山修武さんは、一九九〇年に一度だけ高山にお見えになった。ほかにも、九州の片田舎で生まれ育った僕にはまったく無縁だった「知識人」と呼ばれる人たちが、高山には集まっていた。倉田先生ご自身が東大の建築学科の卒業生だし、哲学者の木田元さんや丸山圭三郎さん、建築史家の鈴木博之さんといった方たちが、講師として夏の高山に来られていた。なかでも木田元さんは、倉田先生が亡くなるまで、毎年毎年高山に足を運んでくださっていた。

高山に来る前の僕にとって、哲学者は立派で崇高で、手の届かない雲の上の存在だった。ところが、その僕の目の前に、おちゃめで人間味の溢れる「哲学者・木田元」がたしかにいる。そのギャップが驚きであり、喜びでもあった。

僕には何を言っているかさっぱり分からない講義が終わると、酒を飲みながら学生たちと腕相撲をはじめる。そのころもう六〇歳を超えておられたはずだから、四〇近くも年が離れた若者相手に本気になって勝ちにいく。たいていは木田先生が負けることになるのだけれど、それでも勝負を諦めない。相手にひたすら酒を飲ませ、相手がベロベロになったところで再び勝負を挑み、勝って喜ぶような人だった。

知的な人たちが何を考え、どのように振る舞い、自分が発する言葉にどう責任を持とうとしているか——。そうした言動の一つひとつが、僕にとってはあまりに新鮮で、知的な人たちと過ごせた時間も、僕のかけがえのない財産になった。

高山の洗礼

高山建築学校は、飛騨の山間の集落にある。

真夏でも高地ならではの涼しさがあり、空は平地で見るより心なしか青みが強く、手を伸ばせば届くような近さにある。敷地内を風が抜ける音、近くを流れる川の水音、虫の鳴き声が、遮るものなく聞こえてくる。辺りは人家もまばらで、夜になると闇に包まれ、その分だけ月明かりや星の光が輝いて見える。星の多さと明るさに、驚く人も少なくない。

そういう都会的なものから一切隔絶された場所に、本物の知識人たちが数多く集い、頭と体をフル回転させ、建築はいかにあるべきかを考え抜く。ときには真正面から、ときには哲学的なアプローチで、みなが全力で建築と向き合っていた。

日が出ているうちは、みながおのおの課題に取り組み、体を動かし作業をする。夜になると、倉田先生はじめ、講師として招かれた人がさまざまな講義をする。自分たちの頭で考えたものを、自分たちが手を動かしてつくる。

作業はすべてセルフビルドだ。誰かを雇ってつくってもらうようなことはしない。蟬の鳴き声や、すぐそばを流れる川の水音を聞きながら肉体作業に没頭すると、自分が建築そのものであるかのような、そんな幸せな気持ちに浸ることができた。

参加者がつくっていたのは、必ずしも、機能的に説明がつくものではない。高さ二メートルほど、古代遺跡のようにグニョグニョした鉄筋コンクリート造の造形物があちこちにあるかと思えば、「キューブ」と呼ばれる四角い鉄骨の骨組みだけの立方体もあった。目指しているのは、何か個別の利用目的を満たすというよりも、つくることを通じて建築と向き合い、頭と手と体で建築を考えることにある。高山でのこうしたセルフビルドの経験が、間違いなく「蟻鱒鳶ル」につながっている。

夜の講義やプレゼンテーションは、食堂兼講義室で、酒を飲みながら開かれた。その場には、ピリピリとした緊張感が張り詰めていた。何をしたいのかよく分からない図面やいい加減な発言には、講師の先生方から容赦ない罵倒の言葉が浴びせられた。ときには、講師の先生どうしでケンカと見紛う白熱の議論が繰り広げられることもあった。

僕も、はじめての高山で洗礼を受けた。

学校が始まって間もない何日目かの夜、夕食を終えた食堂兼講義室で、ある議論が始まった。そのころ高山建築学校では、通称「ベッドハウス」という鉄筋コンクリート造の小屋をつくろうとしていた。豪雪地帯の高山で、雪の重みに耐える屋根をどうつくるかが大きな課題になっていて、その解決策を探るための議論だった。

初参加で日も浅い僕は、しばらくはじっと黙って議論を聞いていた。だが、どうも話がぐるぐる回っているだけで、根本的な解決策は見出だせそうにないように感じられた。そのまどろこっしい議論に耐えかね、新参者で若造の僕が、思わず軽口をたたいてしまう。

「あの、みなさんが話してることですけど、それ、無理だと思います。だからこの議論、もうやめにしませんか」

すると、口髭《くちひげ》をたくわえたおじさんが、血相を変えて怒鳴りだした。

「貴様、ふざけんな！　一昼夜寝ずに考えて分からないって言うならまだしも、さっき問題が出たばかりなのに軽々しく分からんとは何事だ！　貴様みたいな奴はこの場所からとっとと出て行け！」

あまりの剣幕に、僕はもうしょげかえるしかなかった。

僕を怒鳴りつけたその人は、一九八〇年から講師として参加し続けている彫刻家の吉江庄蔵さんだ。僕は、高山に参加していた一カ月間、吉江さんをただただ恐れていた。その人が、僕の人生を動かすきっかけをつくってくれるとは、そのときは想像だにしていなかった。

東京暮らし、再び

一年目の高山が終わると、僕は自転車で建築巡りをしながら九州への帰路に就いた。年が明けて冬が去り、春が訪れるまでのあいだ、去年と同じように高専の図書館に通う。「見ておくべき建築」のリストをつくりながら、このまま今年も、去年と同じ一年を送っていいものかと悩んでいると、高山で言われた言葉がふと頭に浮かんできた。

それは、高山が終わりに近づいたころのことだ。僕を怒鳴りつけた口髭の吉江さんが、ニコニコ笑いながら近づいてきて、「東京に来ないか」と誘ってくれていたのだ。

そのときは、東京にさしたる憧れがあったわけでもなく、お誘いをお断りしたのだけれど、疑問を抱えながら建築巡りをするぐらいなら、どういうわけだか僕を誘ってくれた人のところへ行ってみようと東京行きを決心する。住まいは友人宅に居候させてもらうことにして、段ボール二箱分ぐらいの荷物を送る。移動はこのときも自転車だった。

会社を辞めて以来の東京では、吉江さんの彫刻の手伝いをしながら、この先どう暮らしていくかを考える。とにもかくにも稼ぎを得られる仕事に就かなければならないのは明らかで、土工のアルバイトをはじめることになった。建築現場で地下を掘る力仕事だ。

高山は、僕にとって「理想の学校」と言っていい場所だった。だからこそ、自分の建築をつかむため、建築を分かりたい一心で、毎年のように足を運び続けた。

けれども、ひとつ高山に足りないものがあると感じたのは、建築が実際にどうつくられるかを、現場の作業レベルで分かっている人がいないということだった。

高山でつくるものは、鉄筋コンクリート製のものが多かった。ときには何十キロもあるコンクリートの塊を、数メートルも人力で持ち上げなければならない作業もあり、相当の工夫や段取りが必要だ。それなのに高山には、建築現場で建築が実際にどうつくられているか、それをきちんと分かっている人がいない。

誰かが建築現場の本当の職人仕事を理解しないと、高山はダメになるんじゃないか……。初めて高山に足を運んだとき、僕は生意気にもそう感じた。だったら自分が建築現場で働いてみるかと、土工のバイトをはじめることにしたのだ。

建築職人修行の始まり

それから僕は、本格的に職人仕事に取り組んだ。土工のバイトに続いて、大手ゼネコンの下請けの工務店で、鳶職と鉄筋工の仕事をはじめた。鳶職は、建築現場で職種もさまざまな職人たちが安全に作業をできるように足場をつくる仕事、鉄筋工は、鉄筋コンクリートに埋め込む鉄筋を曲げたり組んだりの配筋をするのが仕事だ。

おおよそ一年も働くと、鳶職と鉄筋工のあらかたの理屈と技術はだいたいつかめた。今度は、コンクリートを打つための枠をつくる型枠大工の仕事に就いた。

ちょうどそのころ、新宿の「東京都庁舎」（丹下健三設計、一九九〇年竣工）が工事のまっただ中で、都庁の現場で、僕は型枠大工として働きはじめる。

未経験の僕が型枠大工として採用してもらえた背景には、ちょっとした作戦があった。都庁のような大きな現場に行くと、ヘルメットやら作業着やらに、工務店の社名が書いてある。その社名をチェックして、家に帰って電話帳で番号を調べ、電話をかける。スマホもインターネットもない時代、こんなことでもしないと、現場の実態を知ることはできなかった（今でも、結局のところ現場を見るのがいちばん早いのかもしれない）。

相手が電話に出ると、「雇ってもらえませんか？」と、単刀直入に尋ねてみる。

「なんでうちが雇うと思ったの？」

突然の電話に、電話の向こうの声は、やや戸惑い気味だ。

「都庁の現場を外から見てたら、社名があったので……。都庁みたいな大きな仕事をやっておられると、人手が足りないだろうなと思いまして……」

「まあ、それはそのとおりなんだよね。おたく、この仕事の経験は？」

「鳶と鉄筋は経験ありますけど、型枠はやったことがありません。でも、型枠を勉強したくて……」

「未経験か……。まあいいや。働きたいなら、とりあえずうちに来なよ」

という具合で、型枠大工の現場に潜り込んだわけだ。

建築をつくるいくつもの仕事

それから五〜六年、会社は二〜三度変わったものの、型枠大工の仕事を続けた。そんなに長く続けるつもりはなかったけれど、技術の習得に時間がかかってしまった。

「蟻鱒鳶ル」をつくりはじめてから建築家の藤森照信さんとお会いしたとき、藤森さんが、型枠の難しさをこんなふうに説明されていた。

「鉄骨や木造は『骨』をつくるけれど、型枠は『鋳型』、もしくは『皮膚の外側』をつくるようなものだ。できあがりのモノ自体をつくっているわけではないから実体がない。いわば見えないところに精度を求めるわけだから、どうしたって難しくなる。重たいコンクリートの圧力を受け止めるのも技術が必要だ」

型枠大工の仕事は、肉体的にもハードだった。もともと体力のなかった僕にはかなりキツイ仕事になった。働きはじめて一〜二年は体が辛すぎて、お金もないのに朝から二〇〇〇円も三〇〇〇円もするユンケルを飲まないと、現場に行く気力も出なかった。

なお、建築の骨格のことを躯体と言い、鉄筋コンクリート建築では鳶職、鉄筋工、型枠大工が躯体工事の花形だ。もうひとつ、コンクリートを扱うコンクリート工も重要な仕事ではあるけれど、コンクリートを打つときしか現場にやってこない。躯体工事の最中、現場で存在感を示しているのはこの三種の職人たちだ。躯体工事が終わると、壁を塗る左官や、水道やガスの配管をする配管工など、建築を仕上げる職人たちがドドドッと現場に入ってくる。

型枠があらかたつくれるようになってきたら、二〇代終わりから三〇歳過ぎまでの三年間、今度は住宅メーカーの大工として働いた。

この仕事を、僕はどうにも好きになれなかった。ツーバイフォーの木造住宅は、木材を四角く組み上げるだけ。型枠と比べると簡単すぎて、プラモデルみたいでおもしろみがなかったし、見た目がキレイになればＯＫな人たちの集まりで、仕事が随分と雑だったのも嫌だった。それに、見えないところに接着剤やらいろんな化学物質を使っていて、職人のなかには体を壊している人もいた。

メーカー大工の合間に、日本の伝統工法で木造住宅をつくる数寄屋大工の仕事も手がけたことがある。こちらはメーカー大工よりも仕事が丁寧で、楽しそうに働いていて、気持ちのいい現場だった。

職人仕事をさまざま経験した結果、僕には鉄筋コンクリートの躯体屋仕事が性に合っていた。高専で建築を学びはじめて以来、ずっとコンクリートが好きだったけれど、実際に現場を体験し、ますますコンクリートが好きになった。

型枠大工とメーカー大工をしていたころは、だいたい二年のサイクルで会社を変えた。その間、一年目は無理を言って七月半ばから九月半ばごろまで二カ月ほど休みをもらい、建築を巡る自転車旅行と高山建築学校に通う。二年目になると、今度はゴールデンウィークごろに会社を辞めて、冬の入り口まで旅をする。

会社選びは、都庁のときと同じ作戦だ。大きな建設現場に足を運び、仕事がありそうなところを探す。僕はこんなふうにして、三〇歳過ぎ、一九九〇年代後半まで、建築現場で働き続けた。

「岡土建」開業

現場の職人仕事の傍《かたわ》らで、一九九〇年代半ばに自分自身の活動もはじめた。友人・知人に頼まれて小屋や店をつくったり、家周りの修理をしたりする「岡土建」という活動だ。

僕がつくったもので印象深いものが二つある。

ひとつは、映画の撮影で使うはずだった小屋だ。主人公が河原で暮らしはじめた日常を描く映画で、メインの舞台になる小屋をつくってほしいと、知り合いの若手映画監督に頼まれたのだ。

どういう小屋にしたいかを監督に聞き、小屋の設計を考える。聞くと、材料もお金もないから、それを調達するところから考えてほしいという。四〜五人がかりで廃材をこっそり失敬し、多摩川の河原に運び込みたった一日で一気に組み上げた。きらきら光る水面の上に、小さな水上住宅を建てたのだ。作業は完全なる〈即興〉だった。

廃材を失敬するのも、河原に勝手に小屋を建てるのも、法律的にはアウトだ。結局、その小屋は半年ぐらいで行政に取り壊されてしまった。

でも、映画に出演するはずだった主人公役のミュージシャンの花ちゃんが、河原の生活を気に入り、小屋がなくなってからも河原にテントを張って一〇年以上暮らしていた。

もうひとつは、ダンサーの友人の家の風呂をつくったことだ。友人の名は「十亀《とかめ》」、あだ名は「亀」だったから、その風呂は通称「亀風呂」だ。

亀は、世田谷の古い木造のアパートに、二階を全部借りて住んでいた。敷地の中に庭のあるアパートだった。

亀からの注文は三つ。部屋に風呂がないからつくってほしい。場所は庭に。お金はあんまりないから格安で（提示されたのは一〇万円ぽっきり）。

僕が引き受ける条件も出した。

どういう風呂にしたいかは最初に一回だけ意見を聞くけど、それが済んだら、どうするかはオレが考える。だから、途中で口出しはしないでほしい。そして、この風呂を見たい、風呂に入りたいという人を拒んではいけない。

それ以来、僕は半年ぐらい、毎週末このアパートに行った。接合部に釘を打つかビスで止めるか接着剤を使うかを、一週間ぐらい悩むような作業だった。

できあがりはこんな感じだ。

二階の居間の腰窓を開けると、そこにぴゅっとデッキが出ている。そのデッキに立つと、すぐ目の前に風呂場の屋根がある。屋根はタイヤをつけてガラガラと全開できるようにした。屋根を開けるとハシゴがあり、二メートルほど降りると、そこに風呂桶がある。

風呂場に窓はなく、出入り口は開閉式の屋根だけだ。屋根は閉めて風呂に入ってもいいいし、開け放てば露天風呂に早変わり。屋根の上にはミカンの木がいい感じでなっている。そこに照明をぷらんぷらんとぶら下げていた。

できあがりは、我ながら気に入っている。小さな風呂ながら、全力でつくり切れた達成感があり、その後も建築をつくる大きな自信になった。この風呂のことをNHKが取材に来てくれて、何分かの番組に仕立ててくれた。

「岡土建」作の小屋

番組の出来もとても素晴らしかった。
その後、亀は引っ越しをして住人が変わり、渾身の風呂は「ほぼ壊れ」てしまったらしい。それでも僕には、「亀風呂」を仕上げたときの手応えがまだはっきりと残っている。

一級建築士になるまで

お金にどうしても困ったときも、「岡土建」の大工仕事で急場をしのいだ。大工道具を宅配便で九州の実家に送り、地元の親戚や友人の家を修理してまわる。そうやって数軒修理を引き受けると、しばらく生きていけるぐらいの稼ぎを手にすることができた。僕が貧乏ながらも暮らしをつないでいくことができたのも、現場仕事と大工仕事を手がけていたからだ。

職人仕事と「岡土建」をする合間に、一級建築士の資格を取る準備も進めた。と言っても、三〇歳で最初に試験を受けたときは、特別な試験勉強はしなかった。高専時代に、一級建築士に受かるための勉強は全部済ませておこうと、隅から隅まで勉強していたからだ。僕の計画では一発合格するはずが、一次試験の学科で不合格になってしまった（二次は図面の試験）。

結果を調べてみると、科目の合計点は超えていた。ただ、法規に足切り点なるものがあり、それに届いていなかった。試験対策が足りていないのが敗因だった。翌年は、試験テクニックを学ぶため、日建学院という建築士試験の塾に少しだけ通い、後は高専時代の教科書を端から端までひたすら勉強しなおした。

翌年(一九九六年)、二度目の挑戦で無事合格。ただ、正式に建築士の免許をもらうために必要な手続きは、しばらく済ませずにいた。免許の登録料は数万円とけっこう高い。なんだか税金をむしりとられているようで癪《しゃく》だったし、当分は建築士の資格が必要になることもなかった。

ようやく手続きを済ませたのは二〇〇一年のこと。結婚して家を自分で建てることになり、前の年の九月には、土地も手に入れていた。

第七章 悲しい現実

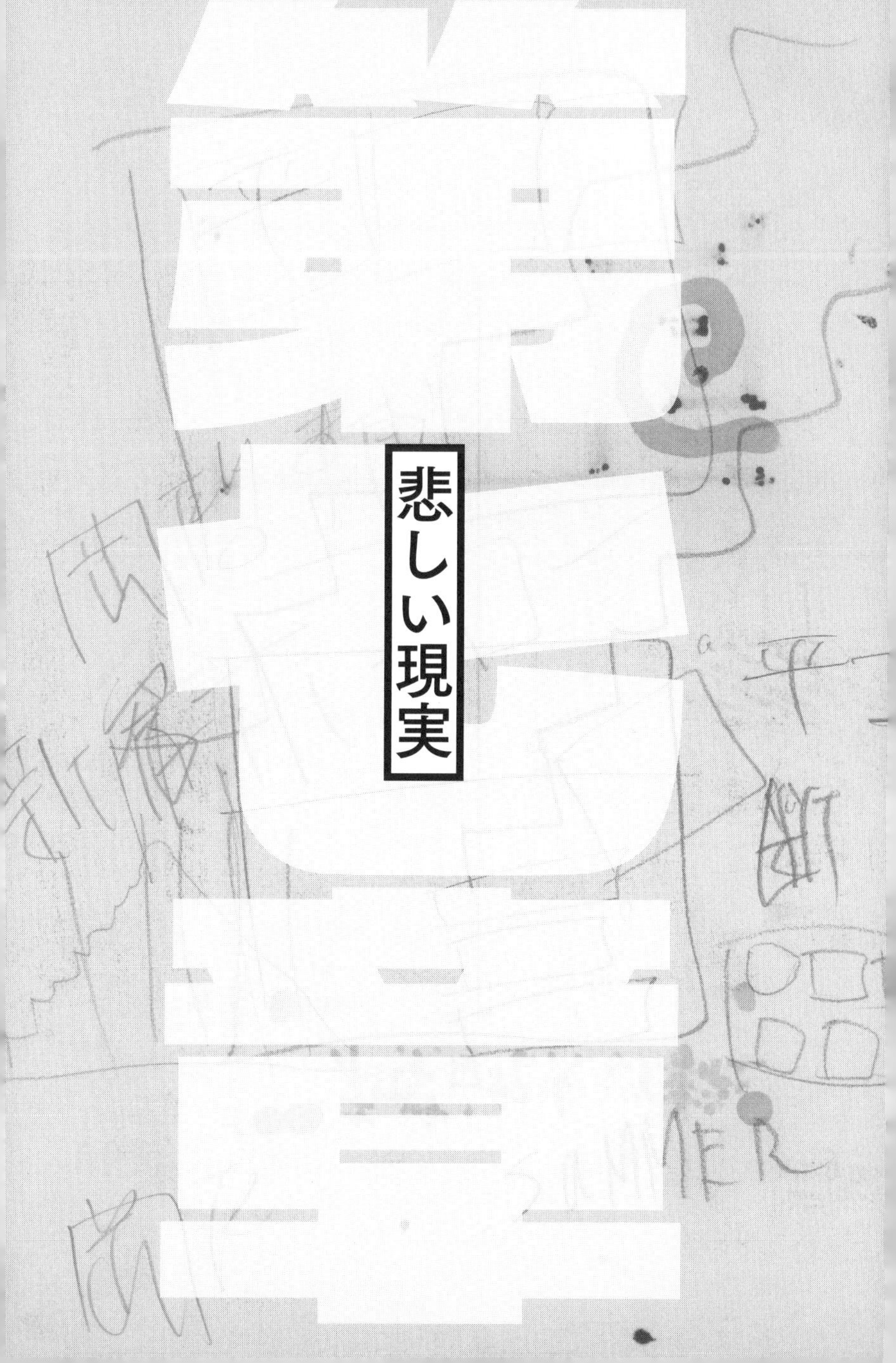

震災が暴いた、建築の手抜き工事

一九九五年一月の下旬、僕は神戸に向かった。

一月一七日、阪神・淡路大震災に見舞われた町は、震度7を記録した揺れとその後の火災で大きな被害が出ているようだ。目指したのは、神戸市のなかでも被害の大きかった長田区だ。一帯は壊滅的な打撃を受けているらしい。

いつもは自転車で移動する僕も、この非常時に自転車を使う気にはなれなかった。電車を乗り継ぎ、目的地まで少しでも近づく。芦屋駅まではどうにか電車が通じていて、そこから長田区まで一五キロ以上の道程を歩いて向かう。

芦屋から長田までの道すがら、そして、避難所を訪ね歩いた長田で、建築は無残な姿を晒《さら》していた。あちこちで、威厳たっぷり、石張りの外装の鉄筋コンクリートのビルが、ごろんごろんと転がっている。外見はいかに高級そうでも、壊れ方を見るかぎり、施工で手抜きをしていたのはほぼ間違いない。

鉄筋の数も足りなければ、一つひとつの鉄筋も細い。これでは、鉄筋の強度が不足していて、曲げや引っ張りの力に十分耐えることはできないだろう。コンクリートも見るからにスカスカで、「ジャンカ」と呼ばれるコンクリートの打ち損じがあちこちにあった。コンクリートの強度が低ければ、地震が来たとき鉄筋にかかる力は大きくなる。

これでは、地震の揺れで建物が無残に倒れてしまうのも無理はなかった。手抜きさえなければ、もう少し被害を食い止められたのではないかと思う。ある程度想像できていたとはいえ、建築が蔑《ないがし》ろにされているようで悔しさがこみ上げてきた。

建築は、ひとつ間違えば人を殺しかねない

悲しいことに、阪神・淡路大震災の後も、建築の手抜きやズルはなくなっていない。震災後、最初に大きく報じられた建築の不正は「姉歯《あねは》事件（耐震偽装問題）」だろう。一級建築士の資格を持っていた姉歯秀次氏が設計段階で耐震強度を偽装していた事件で、二〇〇五年一一月に関係者と名乗る人の告発で明るみに出た。

姉歯氏が手がけていたのは、「構造設計」と呼ばれる仕事だ。

建築の設計業務は、建物のコンセプトやデザインなど、建築の大枠を決める「意匠設

計」と、建築物が構造的に十分な強度を持つように設計する構造設計の大きく二つに分かれ、二つが連携を取りながら最終的な設計が固まっていく。前者を手がけるのがいわゆる「建築家」と呼ばれる人たちで、後者は「構造設計家」と呼ばれることもある。「蟻鱒鳶ル」も構造設計については、専門家の名和研二さんに引き受けてもらっている。

姉歯氏は、「構造計算書」と言われる建築構造の設計書をつくる際にズルをした。計算の数値をごまかし、建築基準法で定められた耐震強度を満たしていないにもかかわらず、基準を満たしているかのように見せかけた。その不正の数は、ホテルやマンションなど一〇〇件近くにも上るという。

事件は国会も巻き込んで大騒動になった。国会で姉歯氏の証人喚問が行われた一二月は、僕が「蟻鱒鳶ル」の工事をはじめて間もないころだった。僕は作業をしながらよくラジオを聞く。そのころはひたすら地下を掘る毎日で、証人喚問の様子がラジオで流れてくると、手を止めラジオに耳を傾けた。

姉歯氏は、不正を働いた責任を、仕事の発注元や、不正を見抜けなかった検査機関になすりつけようと終始していた。

提案した構造設計どおりにつくると、発注元の予算を超えてしまうため、使用する部材を減らすことを検討してほしいと発注元から要望された。お宅以外にも構造設計を頼むところはあるからと言われ、仕事を減らされないよう耐震強度をごまかすことに手を染めた。

病気がちの妻がいるから不正は仕方がなかった。構造設計のプロがきちんと見れば、自分の計算値にはおかしなところがあるとすぐに気づくはずだ……などなど。

ラジオを聞いていると、現場でよく話しかけてくれたおばあさんがたまたま通りかかった。おばあさんも事の真相が気になっていたようで、立ち止まってラジオに耳を傾ける。しばらくすると、おばあさんもがぽつりとこぼす。

「あたしたちはね、こんな情けない国にするために頑張ってきたわけじゃないのよ……」

後で知ったところによると、このおばあさんは吉田茂が首相だったころ、大臣を務めた政治家の奥さんだったようだ。

ちょうどそのころ、名和さんの講演を聞きに行く機会があった。名和さんは、姉歯事件について「想像力が足りなすぎる」と猛烈に怒っていた。

「あんなつくり方をしたら、誰かの皮膚を裂いて血が飛び散って骨が折れて命を落とすかもしれない。それぐらいの想像ができずに、平気でそんな恐ろしいレベルの手抜きをする人間に、建築に携わる資格はない。言語道断だ！」

姉歯氏は、なぜここまで想像力を失ってしまったのだろうか。

程度の差はあれ、この種の想像力の欠如は、建築の世界全体に広がっているように感じられる。阪神・淡路大震災に加え、二〇一一年三月には東日本大震災も経験したにもかかわらず、建築の不正はなくなっていない。

たとえば二〇一五年には、世の中を騒がせた大きなズルが相次いで明らかになった。

ひとつは、地震の揺れを軽減する「免震ゴム」の性能を偽装した「免震ゴム偽装事件」(同年三月に発覚)。もうひとつは、高層マンションの基礎の杭が、固い地盤に届いていないのに検査データを偽装した「マンション杭偽装事件」(同年一〇月に発覚)だ。

なぜ、こうしたズルが平気でまかりとおるのだろうか——。僕にはそれが不思議でならないし、不正は建築への侮蔑に感じられ、悔しくてならない。

手抜きだらけの住宅建築

阪神・淡路大震災後の数年間、僕は住宅メーカーの大工として働いていた。

そこでも僕は、いくつものズルを目にしてきた。定められたルールに従わない現場はごく当たり前にあった。

僕もそれに黙って従っていたわけではない。「これはおかしい」とずいぶん意見しても、まったく聞き入れられなかった。

たとえばツーバイフォーの住宅では、構造的な強度を出すために、釘を最低限どこにどれぐらい打たなければならないかが定められている。そのルールは、力学の理屈にのっとって決められたものなのに、現場では誰もそれを守ろうとしない。

「こんな釘の打ち方じゃ、まずいんじゃないですか？」

こう意見すると、口を揃えて次のような答えが返ってきた。

「岡な、そういうのは現場にも来たことないやつが、机の上で考えて決めたことなんだ」

「そうだそうだ、現場を知ってるのは俺たちのほうだ。ルールで決まってるとか言うけど、俺たちのやり方で壊れた家なんか一軒もないもんな？」

「ないない。経験値で、どの釘は抜いても大丈夫か分かってんだ」

またあるときは、建物の土台になる鉄筋コンクリートの基礎工事で、同じ現場に来ていた業者がとんでもない手抜きをしていた。

「これじゃあ基礎の意味がないですよね。こんなことやってちゃダメですよ」

僕はガマンができなくなって強く抗議した。

「あのね、岡ちゃん、そんなこたぁオレらも分かってるの。地震で家がひっくり返っちまったら基礎を調べられてバレるかもしれないけど、それまでは誰にも分かりゃしないよ。地震でバレたって、会社たためば済むことだ。そんな目くじら立てるようなことじゃないよ」

悲しいかな、これが住宅施工現場の現実だ。

建築は消耗品なのか?

家を一軒建てようと思ったら、普通は何千万円というお金がかかる。それが高いのか安いのか、人によっても感じ方はさまざまだろう。

僕がどう考えてもおかしいと思うのは、そこまでお金をかけて建てた家が、木造住宅なら、三〇年かそこらで「寿命」(法定耐用年数)を迎えてしまう日本の建築事情だ。三〇代か四〇代で家を建てるとして、何千万円もかけたものが、その人の一生を終えるか終えないかのうちに価値がなくなってしまう。

それでは、立派な家は建てづらい。だからこそ、その三〇年をしのげばいいという発想で、建てる側もズルをする。釘の数が少なかろうが、基礎がいい加減だろうが、三〇年では壊れはしない。その間に、大きな地震が来る確率のほうが低い。だから手抜きをする。

それが当たり前とされている状況は、どこかがズレているように思う。

たかだか三〇年しか使わないものを、「建築」と呼んでいいのだろうか。そんなものは、せいぜいが「バラック」か「掘っ立て小屋」ではないか――。

いや、掘っ立て小屋でも、丁寧につくって丁寧に使えば三〇年ぐらいは使い続けることができるはずだ。見た目だけが小綺麗な掘っ立て小屋を、つくっては壊しを繰り返している状況は、どこか狂っているとしか思えない。

建築の勉強をはじめると、建築で大切なのは「用・強・美」の三つだとまず教わる。「用」は建築が必要な機能を満たすこと、「強」は建築の堅固さ、「美」は見た目の美しさのことを指す。古代ローマのウィトルウィウスという人が『建築書』という本にまとめたものだ（この本は、世界で最も古い建築書と言われている）。

それについて、建築史家の鈴木博之さんは、二〇〇八年に東大を退官される最終講義で、次のようなことを語られていた。

「建築は『用・強・美』というけれども、日本の建築家で『強』について正しく理解している人間がいない。ヨーロッパでもアメリカでも、建築家は『強』といったら『時間』のことを語る。どれだけの『時間』に耐えうる建築をつくるのか――。世界の建築家はそのことを大切に語るけれども、日本の建築家は誰も建築の『時間』についての話をしない。ある瞬間、地震に耐えればいいという話しかしない。これはまったくおかしなことだ」

そう言って、ひどく嘆かれていた。ヨーロッパやアメリカの人たちが、世代を超えて家を住み継いでいくのも、建築の「強さ」に対する感覚を当たり前のように持っているからなのだろう。

日本では、建築の耐震性能試験として、「実大実験」なるものが行われている。実物大の住宅を震度6や7で揺らしてみて、壊れないことを確認するための試験だ。

住宅メーカーはその結果を誇らしげに発表しているけれど、つくったばかりの建物が地震に耐えられるのは当たり前のことだ。しかも、試験に使われる住宅は、メーカーが試験のために丁寧につくったもの。手抜きとは無縁の、住宅メーカーの試験場にしか存在しない、現実離れした住宅だ。本当に確認するべきは、町につくられた建物が、何十年も使われ続けた後、あちこち傷みはじめたときにどうなるかであるはずだ。

でも、そんなことは誰も確認しようとしない。それをせず、震度7に耐えられるからと何千万円もの値を付けて売り、三〇年でお払い箱にしてしまうのは、カネを投げ捨てているとしか思えない。

思うに、建築の寿命が短く設定されているのは経済を回すためだ。日本の政治が、世代ごとに建築を建て替えるよう仕向け続けてきた。

戦後の経済復興に始まり、高度経済成長からバブルに至るまで、日本経済の内需を支えてきたのは、土木の公共事業と建築の住宅需要だ。土木構造物と建築の寿命を短くして、その分、つくり替え・建て替えを早めていけば経済が循環する。

だが、家を建てることで生まれる経済効果など微々たるものだ。むしろ、それによる損失を考えると、長期的にはマイナスになっているのではないか。

伝統的な日本家屋の喪失は、文化資産や観光資源を失っていることを意味するし、接着剤や防腐剤、化学塗料だらけの建築は、壊したものをそう簡単に燃やすこともできない。

廃材は産業廃棄物になるのだが、廃棄料を嫌って不法投棄も増えている。国産材は高いからと敬遠され、日本の山が荒れていく。山が荒れる影響は甚大で、国土も海も痩せ細っていく。

安物の家をつくることは、長い目で見ると大きな不利益をもたらすのだ。

鈴木博之さんは、一九八〇年に『建築は兵士ではない』（鹿島出版会）という本を出された。国のために命を投げ出すことを強いられた「兵士」のように、建築が「経済の奴隷」のように扱われている状況を批判された本だ。悲しいかな、それから四〇年近く経っても、状況はまるで変わっていない。

あれ!?　体が思うように動かない……

手抜き工事も、短すぎる寿命も、建築にとっては大きな問題だ。けれども、僕が職人修行中に出くわした建築の闇はそれだけに留まらない。

住宅メーカーの大工をはじめて三年ほど経った一九九八年春ごろ、僕は体の不調に悩まされるようになった。最初は、体が重だるく元気が出ないのが始まりだった。次第に手足が小刻みに震えるようになり、物を満足に持てない日もあった。ガタガタガタガタ震えが出ると、熱い風呂に入っても震えは収まらない。さらに症状は悪化して、駅に行っても電車の乗り方が分からなくなるほど、何も考えられなくなってしまった。

もちろん、こんな状態で現場仕事をできるはずもない。仕事を辞め、自転車旅行のために貯めていたお金を切り崩して生活をつないだ。

体の不調の原因は、自分でも見当がつかなかった。手がかりを探しに、大きな書店の医学書コーナーへ何度も足を運んだ。症状ごとに考えられる病名をまとめた医者用のマニュアルが、僕の病気を調べる頼みの綱だった。

重度の倦怠感に思考力の低下、そして手足の震え——。

その症状に当てはまる病気は意外に多い。最初は糖尿病を怪しんだけれど、検査をしても糖尿の気配はない。ひとつ、またひとつ、疑わしい病気に当たりをつけては、その病気を診てくれる医者を探して病院を訪ねる。

ハズレが続くこと三度ほど、体の調子がおかしくなりはじめて半年前後経って訪ねた国立精神・神経医療研究センター（東京都小平市）で、ようやく不調の原因が突き止められた。

僕を診てくれたのは、クマみたいにずんぐりした先生だった。不機嫌そうではあるものの、こちらの質問に丁寧に答えてくれる。

「ああ、君の場合は化学物質過敏症だね。君は職人か何かやってるって言ったっけ？　現場で化学物質を吸い過ぎたんだろうね。建築現場って化学物質だらけでしょ？」

「あ、はい……。あの、そのなかでもいちばん体に悪いのって何なんでしょうか？」

「建築現場だと、多いのは断然ホルムアルデヒドだろうね。いわゆる『シックハウス症候群』もホルムアルデヒドが大きな原因のひとつだよ。後は、防腐剤とか防虫剤にもいろいろ入っているからね」

「ホルムアルデヒドって何に使われてるんですか？」

「接着剤に塗料に防腐剤。建築現場で使われる化学物質にはだいたいホルムアルデヒドが入ってると思ったほうがいいよ」

そう言われて、僕にはもうひとつ思い当たる節があった。症状がひどいときは本屋に近づくだけで倒れそうになった。本に使われているインクや接着剤にも、何かしらの化学物質が使われていることが多いからだ。

「あと、現場仕事だとベニヤ板切ったりもするでしょ？　あれもホルムアルデヒドまみれだからね、吸い込むとよくないんだよ」

「はい、少し前までコンクリートの型枠大工をしてて、コンパネを――あ、ベニヤ板のことですけど――毎日大量に切ってました」

これは後で知ったことだけれど、ホルムアルデヒドを水に溶かしたものが、生物の標本を残すために使われるホルマリンだ。生物を腐らせないだけあって、木が腐るのを防ぐ効果も高い。ホルムアルデヒド入りのコンパネ（コンクリートパネル）は、雨に降られてもなかなか腐らないし、ホルムアルデヒドには接着剤を強力にする効果もあるようで、濡れてもペリッと剝がれてくるようなことはない。

「今は、仕事休んでるんだっけ？」

クマの先生は不機嫌ながらも問診は丁寧だ。

「はい。さすがに今の状態じゃ仕事になりません」

「生活は厳しいかもしれないけど、体のためにはとにかく現場からしばらく離れるように。そうしたら、じきに症状は収まるはずだから」

「あの、薬とかは……？」

「薬は必要ない。化学物質をできるだけ吸わないようにすること。それがいちばんの治療になるから。それと、今日は診察したけれども、今後はもうここには来ちゃいけない」

「え、どういうことですか？」

「早い話が、君の場合は軽症なんだ。ここにはもっと重症の患者さんがいっぱい来るから、君程度の症状ならこれ以上は対応できない。今日は特別だと思ってほしい」

先生が不機嫌そうに見えたのは、どうやら僕レベルの患者を診なければならないことに原因があるようだった。

有害物質だらけの建築現場

建築現場は本当に、人体に有害な化学物質にまみれている。接着剤に塗料に防腐剤、防虫剤など……。最近では、有害成分の少ない商品も出回りはじめているけれど、それが建築現場に浸透していくペースは鈍い。有害成分を含んでいるもののほうが、接着や塗装、防腐・防虫の効果が高く長続きするためだ。

少し気の利いた住宅メーカーは、「シックハウス症候群」対策や近年の健康ブーム、エコブームに対応し、健康や環境への害が低い接着剤や塗料、防腐剤や防虫剤を使うようにと、施工現場に指定してくることがある。

けれども、そういう「人にも環境にも優しい」接着剤や塗料は、有害成分たっぷりのものと比べて、値段が高いうえに効果が持続しない。しばらく経つと、接着剤ならペリッと剝がれてくるし、塗料も色が剝げやすい。そうすると、住んでいる人から住宅メーカーに、「まだ数年しか経ってないのに壁の外装材が剝がれた」とか「塗装が剝げた」とクレームが寄せられる。メーカーは、「人と環境に優しい」分だけ効果が弱いことを知ってか知らずか、施工した大工にそのままクレームをつけ補修に当たらせる。

現場は、こういう展開をとにかく嫌がる。だったら最初から長持ちするものを使えばいいと、メーカーからの指定を無視して有害成分たっぷりのものを使ってしまう。そして、それらは圧倒的に安い。

こうした有害化学物質が怖いのは、職人の体を知らぬ間に蝕《むしば》んでいくことだ。たしかに、クマの先生も言うように、住む人が「シックハウス症候群」で苦しむこともある。だが、現場の職人たちこそ、こうした化学物質による真の犠牲者なのだ。

　これらの化学物質が人の体に大量に入るのは、液体の接着剤や塗料、防腐剤や防虫剤を塗って乾くまでの間だ。液体の化学物質は乾く間に揮発《きはつ》して、それを職人が吸い込んでしまう。スプレー状の塗料や防腐剤、防虫剤も、吹き付けるときに吸い込んでしまう危険がある。ベニヤ板を切るときに出る粉塵も、付着している接着剤や防腐剤もろとも吸い込んでしまいかねない。こうして体内に入った化学物質が、体に害を及ぼすわけだ。

　建築現場でそのことを問題視する職人は少ない。自分の体がおかしくなって、はじめて事の重大さに気づく。体を壊した職人は、現場から静かに去っていくだけだ。いなくなった人のことは、誰も探そうとしない。こうして職人がひとり、またひとりと現場からいなくなっていく。

設計屋と職人のあいだの〈分断〉

僕が遭遇した建築現場のもうひとつの闇は、あまりに非人間的な職人の待遇のひどさだ。どの現場でも、モノをつくる主役であるはずの職人の地位は驚くほど低く、ときには惨めさを感じるほどだった。

なかでも驚きなのは、大きな現場で、設計屋（建築家）や現場監督が使うトイレと、職人が使うトイレが明確に分けられていたことだ。

職人の休憩時間は決められていて、トイレにはその時間しか基本は行けない。当然、休憩時間に職人用のトイレは混むのだけれど、空いている設計者や管理者用のトイレは使わせてくれない。「土足厳禁」などと張り紙がされていて、職人が入ってこられないようにしてあるのだ。

（これではまるで、人種差別ではないか！　新手のカーストか……!?）

設計屋と職人のあいだに横たわる〈分断〉である。

いつのころからか、ものづくりのヒエラルキーの頂点には設計屋が君臨するようになった。ものづくりの主役であるはずの職人は底辺に追いやられ、設計屋が描いた一本の線を忠実に再現することがその仕事とされるようになった（それが、どんなに適当に引かれた線であってもだ）。職人が、現場で自らの創意工夫を施すことなど許されるはずもない。

職人の思いや声を反映するような道筋はどこにも存在しない。設計屋が頭で考えたものが常に正しく、現場で手と体を動かしながら浮かんでくる発想はどこにも反映することができない。設計屋からの一方通行の指示だけが、現場を支配していた。

さらには人の手の痕跡も、それが建築を汚しているとでも言わんばかりに、丁寧に消される始末だった。職人は、建築をつくる機械でも奴隷でもない。人としての存在を無視しているかのような、そんな冷たい空気が現場には流れていた。

建築の世界から職人の手やアイデアが消されたのは、建築の歴史とも関係がある。古代の建築は、王様や貴族、社会のヒエラルキーの頂点にいる人たちがつくらせたものだ。権力や富にものを言わせ、腕利きの職人を集めて桁外れの建築をつくる。石造りでアーチやドームのような構造をつくり、彫刻や絵画で豪華な装飾を施す。

モダニズムは、そういう階層のない社会を目指そうとした。人々はみな平等であるという理念を象徴するものとして、シンプルで装飾のないモダニズム建築が生まれてきた。たしかにその理念は素晴らしい。でも、それがどこかで行き過ぎてしまった。平等な人たちのための平等な建築には、華美な装飾など必要ない。それにより、すさまじい技術や独特な感性をもった職人たちの居場所もなくなってしまった。

その一方で、建築をデザインする設計屋（建築家）の地位だけが上がっていった。建築の抽象度を高め、頭で考えた崇高なコンセプトばかりが持てはやされるようになった。職人の肉体は設計屋の頭脳の奴隷となり、脇役どころかその存在さえ無視されている。現場では惨めなほど、階層の底辺の存在だと思い知らされる。

それでも「つくる」ことを心から愛する人たち

建築に携わる職人は給料も安い。そこそこ技術のある人で、日当一万三〇〇〇円もいけばいいほうだ。月に二〇日働いたとして二六万円。ボーナスとは無縁だから、年収にして三一二万円。そこそこよくてこの金額だ。おまけに、交通費も大工道具の購入費用も自分持ち。有給休暇もケガや病気に対する保障も何もない。現場でケガをしたり、化学物質で体がおかしくなったりすれば、それで仕事ができなくなってしまう。

ここ数年、東日本大震災からの復興と、東京オリンピックに向けて建設業界は賑わっているようだ。その一方で、職人のなり手がおらず、多くの現場が人手不足で困っているらしい。

それも僕からすれば当たり前だ。尊敬されないどころかバカにされ、自分の仕事の痕跡も消され、給料も安く何の保障もない世界――。そういうひどい世界に、人が集まるはずがない。

それでも、これほど恵まれていない世界で、今も働き続けている人がいる。

逆の見方をすれば、それこそが建築の大きな希望のひとつだ。「つくる」ことを心から愛していなければ、この境遇に耐えていくことなど、できるはずがない。

どんな手抜きまみれの現場にも、建築を「つくる」ことにまっすぐな人たちがいた。

「岡ちゃん、悔しいよな。いつかオレたちの手で、ちゃんとしたものをつくりたいよな」

親方から手抜き仕事を指示されて、怒りと悔しさをこらえていると、そう胸の内を明かしてくれる先輩もいたし、住宅メーカーの現場監督に、「お前んとこの会社は、こんないい加減な家を人に売ろうってのか」と、面と向かって物言う人たちもいた。

世の中には、もっと楽して稼げるズルい仕事はたくさんある。それでも「つくる」ことを心から愛して建築現場で働く職人さんたちがたしかにいる。そういう人たちが、尊敬され、憧れられるようになってほしいと願うばかりだ。

絶望からの大どんでん返し

「恣意的なデザイン」を乗り越えるために

「岡さん、すごいよ。こんな建築、初めて見たよ」

一九九八年夏、僕が三三歳になる年の高山建築学校でのこと。建築史と建築批評の若きスター・五十嵐太郎さんが講師でいらしてくれた（五十嵐さんは、僕より二つ年下の一九六七年生まれだ）。そして、恒例の「二四時間コンペ」で一等になった僕を、五十嵐さんは、こちらが気恥ずかしくなるほど激賞してくれた。

このときのお題は、倉田先生が出された「幻想としての建築」という課題だった。現実には存在しない架空の素材を材料として使っても構わない。現実にはありえない土地でも構わない。とにかく、君たちの理想の建築を描け――。そういう趣旨のお題だった。

このとき僕は、こんな絵を描いた。

場所は、高山建築学校の台地をイメージした。そこに、直径五〇メートルぐらいの球体がある。その球体は、ガラスの一〇〇倍も一〇〇〇倍も透明な素材で、その球体が存在することと自体、ほとんど見ることができない。

蟻が巣穴をつくるように、球体の中に人が穴を掘って部屋や階段や廊下をつくる。すると、中にいる人はまるで宙に浮いているように見える。廊下を歩けば宙を動き、階段を登れば天に近づいていく。もし、自分の存在を見られたくない人は、床に絨毯《じゆうたん》を敷き、四方にカーテンを張った部屋に隠れればいい……。

僕が描いた絵は、そんな「透明の建築」だった。


建築の世界では、ときどきこんな議論が巻き起こる。

建築は芸術のような表現活動ではない。建築家が作家気取りになって、作品づくりに酔ってはいけない。建築家の役目は、これ見よがしな、あざとい恣意的なデザインをあちこちにあしらうことではなく、必要な機能を満たした建築をつくることにある——。

当時はそれが声高に叫ばれていた時期で、僕もその考えにかなりどっぷり漬かっていた。もともとそういう志向があったのも確かだし、時代の影響を多分に受けていた。

けれども、それは現実的にはかなり難しい。建築が、物理的なモノの塊であり、パーツを組み上げてつくるものである以上、物質と物質、材料と材料がぶつかる場所では、つくり手が何らかの手法を施さなければならない。

たとえば、柱と梁がぶつかるところをどう組み上げるか。壁が柱や梁とぶつかるところをどう仕上げるか。壁に窓をどう収めるか……。そこには、何らかのディテールが発生する。そこに、建築家の恣意的なデザインが潜り込みがちだ。

僕は、そういう恣意的で白々しいデザインを脱する道を探していた。

物質どうしがぶつかる場所に、恣意的な形やデザインが生まれてしまうのだとしたら、物質どうしがぶつからないようにするのが一番いい。だとしたら、ひとつのものをくり抜いてつくるのが、恣意的なデザインを避ける道ではないか——。

とはいえ、この世界に存在する材料で、そんなふうにくり抜いて建築をつくるのは現実的ではない。それに近しい素材があるとすれば、鉄筋コンクリートだろう。鉄筋コンクリート建築は、軀体が一つにつながっている。その特性をうまく活かし、建築をつくり上げたのが安藤忠雄さんだ。安藤さんの建築には、ある種の「答え」のような、文句のつけようがない安心感がある。

そういうことを考えていて、「幻想としての建築」というお題が与えられた。

だったら、透明な素材で建築をつくってみたらどうか。素材が透明なら、デザインの仕上がりがどうなっても、見えない以上はそもそも白々しさと無縁だ。僕なりに考え抜いた末に辿り着いた、矛盾のない美しい絵だと思っていた。

迷い込んだ袋小路で

このとき描いた「透明の建築」で、僕はスターの批評家からベタ褒めされた。自己評価としても、かなりいい絵が描けたと思っていた。

その状況で浮かれるな、というほうが無理がある。気分は舞い上がっていたが、ひとつ気になることがあった。五十嵐さんの横で、倉田先生が不機嫌そうな顔をしている。

「チッ、しょうがねえな、岡。こんなくだらない絵を描きやがって……」

その表情は、紛れもなくそう物語っていた。

(あれ、倉田先生が嫌がってる……。え、なんで? なんで?)

そして何より、当の僕自身が、「透明の建築」にそれほどときめきを感じていない。

(いい絵が描けたはずなのに、どうしてだろう……)

褒められたうれしさと、倉田先生に無言で怒られたバツの悪さと、自分の心の内の引っかかりとが入り混じり、高山にいるあいだじゅう、悶々とした思いを抱えていた。

自分の仕出かしたことの意味が少しずつ分かってきたのは、高山から東京に戻ってしばらく経ったころだった。

僕は一五歳で建築に魅せられて以来、建築をつくることをずっと夢見つづけてきた。

それなのに、僕は建築を透明にして、見えないものにしてしまった。自分がつくるべきものを、あろうことか自分の手で消し去ってしまっていたのだ。一五歳から二〇年近く培ってきた思いや知識や技術や経験を、自分で全否定していたわけだ。そのあまりの愚かさに気づいたとき、全身から力が抜けるような虚しさを感じた。

いったいどこでボタンを掛けちがえたのか……。

三〇代で迎えた、「人生初の大絶望」

この一件をひとつのきっかけとして、僕は「人生初の大絶望」に陥《おちい》った。いちばん苦しかったのは、一九九八年前後の数年間。僕の三〇代前半は、大きな苦しみに満ちていた。

僕は根っから脳天気な性格で、一〇代・二〇代は、「建築家になるぞ、おー」という単純なノリで生きてきた。だが、単純ではあっても、誰にも負けないぐらいまっすぐに、建築の世界を歩んできた自負があった。

ところが、三〇代も半ばを間近に控え、人生の正念場を迎えようというときに、自分の小ささや無力さを痛感する出来事が次々と起きたのだ。

化学物質過敏症で、身体がボロボロになってしまったことも、そのひとつだ。化学物質と無縁でいられる建築現場など、今の日本の都市にはまず存在しない。そのことはつまり、それまで僕が生活の糧《かて》を得ていた仕事を失うことも意味していた。

身体が弱ると心も弱る。ただでさえそうなのに、三〇歳を過ぎてこれからどうやって生きていけばいいいか、生活の糧を一緒に失った。いい年をして、これから先の人生の展望がまるで描けない。建築の世界で何かをなすどころか、人として生きていくことすら否定されてしまったような感覚に見舞われていた。

追い打ちをかけたのが、僕にとってかけがえのない建築の師匠、倉田先生が病魔に冒されたことだった。先生の病気が進行するにつれ、高山建築学校も急速に求心力を失いかけていた（結局、倉田先生は二〇〇〇年七月に他界された）。

僕はまだ、建築をどうつくるべきかをつかめていない。高山は、それをつかむ土台になる場所だと思っていたのに、いま倉田先生が亡くなり、高山建築学校も失われてしまっては、僕はこの先、どうやって建築と向き合っていけばいいのか……。

もう、建築をやめようか……。そんなことを真剣に考えはじめていた。

建築等学会の立ち上げ

話はほんの少しだけ遡る。

一九九七年一二月、僕は、同い年の建築史家・中谷礼仁《なかたにのりひと》さんと一緒に、ある学会を立ち上げた。中谷さんとは、石山修武さんのワークショップでお見かけしたり、一九九六年から何度か高山建築学校に講師として来ていただいたり、なんやかんやとご縁があった。

その名は、「建築等学会」。中谷さんに名付けを頼まれ、僕が発案した名前だ。

「『建築学会』は建築を学問する集まりだけど、建築が建築の中だけにとどまっていたら、建築の役割や可能性はどんどん狭まってしまう。建築の領域を少しでも外に広げていきたい。そのための学会をつくりたい。岡、ちょっと手伝ってくれ。まずは名前だ。名前を考えてくれ」

中谷さんから、そう声をかけられ、僕は考えた。

「その学会は、建築と、その周りにあるさまざまなことを考えていくわけですよね。だったら、建築に『等』をつけて『建築等学会』がいいんじゃないですか。建築を中心に、建築に関わるさまざまな人や物事を巻き込みながら、建築の領域を広げていく。『等』ってそういう雰囲気を出せるんじゃないですかね」

そんなやりとりで会の名前が決まり、ほどなく活動が始まった。

学会の立ち上げにあたり、僕がまず手がけたのは、学会の宣言文を書くことだった。

ざっとまとめると、こんな感じだ。

現場での職人作業は、毎日毎日、何のアイデアも創意工夫も要らない、単調な作業を繰り返す日々。建築をつくる素材には、木や鉄やコンクリートやガラス、さまざまなものがあるはずなのに、判を押したように同じやり方が続く。

これは新しいデザインの建築だと言われるものを現場で手がけたこともあって、たしかに見た目の形は変わっても、現場のつくり方はまったく変わらない。その変わらなさは、まったくもってつまらないし、寂しくもある。デザイナー（設計屋）はもうちょっと想像力を働かせることができないのかと、苛立ちさえ感じる。

今みたいに、建築の上っ面のデザインだけが変わっても、建築をどうつくるかが変わらなければ、建築の世界に可能性なんて感じられない。

そもそも、設計は建築の一部でしかないのに、設計が建築のすべてであるかのような今の状況はおかしい。設計と施工をつなぎ、建築をつくり方から考えていくこと。そういうところから真剣に組み替え、建築の領域を広げていかないとダメなんだ――。

そういう思いを宣言文に勇ましく綴《つづ》った。

このとき僕は三二歳。若手建築史家のホープ、中谷さんに誘われ浮かれていたし、いよいよ僕も、建築の世界でいっぱしの仕事ができる日が来たと気負ってもいた。

学会には、若手の建築家や研究者、現場の職人たちが参加してくれた。

やはり同い年の建築家の塚本由晴《つかもとよしはる》さん、僕よりひとつ年下の西沢立衛《にしざわりゅうえ》さん（妹島《せじま》和世《かずよ》さんと建築家ユニット「SANAA」を組み、二〇一〇年には、建築界のノーベル賞と言われるプリツカー賞を受賞した）、僕より七つも若い建築家の吉村靖孝さん、「透明の建築」を褒めてくれた建築史の五十嵐太郎さん、絵画や立体造形、建築など幅広い分野で作品をつくる芸術家の岡崎乾二郎さんなど……。錚々たるメンバーだった。

いざ学会の活動をはじめてみると、僕は滑稽なほど、何もできなかった。

学会は結局、シンポジウムと論文集の発行を、それぞれ二巡させることができただけで、会を立ち上げた翌年には空中分解してしまった。

これも、やはり一九九八年の出来事だった。

このとき、建築の世界における自分の立ち位置もはっきりと思い知らされた。

学会で出会った同年代の建築家たちは、キラ星のごとき活躍を見せていた。塚本さんや西沢さんは、三〇代になりたてですでに、世に認められた建築をつくっていた。

一方の僕は、建築とまっすぐ向き合い頑張ってきたつもりだったけれど、何も形にできていない。学会の運営もうまくいかず、彼我の力の差は歴然だった。

さらに僕を落ち込ませたのが、彼らの建築への熱き思いだ。インテリでクールなだけだと思っていた同年代や若手の建築家たちはみな、僕が気圧《けお》されるぐらい、建築への熱き思いを抱いていた。

「岡画郎」

そしてちょうど同じころ、僕が一九九五年から続けてきた建築以外の取り組みが、少しずつ勢いを失いはじめていた。それも、僕の心にボディブローのようにずしりと効いた。

それは、当時の僕が住んでいた高円寺のワンルームマンションではじめた、「岡画郎・」という名の取り組みだ。二〇〇三年に「閉郎」するまでは、高円寺のちょっとした名所のようになっていた。

その部屋は、道路に大きく面した窓が特徴だった。窓から手を振ると、道路の向かいを歩く人が手を振り返してくれるほど、道行く人の視界にも飛び込んでくる目立つ窓だ。

あるとき、友人たちが僕の部屋に遊びにやってきて、いつものように窓辺で飲んでいた。するど、そのうちの一人がこんなことを言いはじめた。

「この目立つ窓を展示場にして、ギャラリーにしたらおもしろいんじゃない?」

道路の向かいの街路樹に双眼鏡をぶら下げておき、道行く人が、双眼鏡を使って窓越しに展示を見る。この一言をきっかけに、少し変わったギャラリーが僕の部屋で始まった。

なお、「岡画郎」の「郎」の字は誤植ではない。「岡画廊」の名で展示を始めようとしたら、大家さんから「ここは住居だからギャラリーなんかやられたら困る」と言われ、「岡画郎」は僕の名前で表札を掲げているのだと言い張った。そういう小理屈をこね、窓辺の展示が始まった。

一九九五年四月、記念すべき最初の展示は「ザ・窓際族」。僕と友人たちが交代で、窓に置かれたデスクにただ座る。よれよれの背広を着て、道行く人をボーッと眺め、ときにはヨダレを垂らしながら居眠りをする。そんなことを一カ月も続けた。

画郎の運営方法も一般的なギャラリーとは一線を画していたはずだ。

毎週土曜日の夜、誰が参加してもいい定例会を開き、どんな展示をするかを考える。途中でふらっと顔を出してもいいし、途中で帰るのも自由。その場に居合わせた〈不特定多数〉の人たちで、画郎の今後の展示企画を決めていく。

組織化は意地でもしなかった。最初こそ、ギャラリーの発案者でもある美術系の友人二人がブレーンとして定例会を引っ張ったが、運営が軌道に乗りはじめたら、二人ともブレーンをやめて一参加者の位置づけになった。定例会の司会や書記も固定化しない。そこに住む僕が、場所を管理する役割を担っていただけだ。

僕らは、展示そのものと同じぐらい、この定例会のあり方を重視していた。

年齢や性別、仕事や立場にも関係なく、いろんな人が自由にやってきて、自由に語り合い、物事を考え決めていく。一人ではなく〈共同〉で、少数ではなく〈多数〉で、しかも〈不特定〉の人間の集まりによる、「不特定多数による共同制作」を目指していた。来るものは拒まない、集まった人は排除しない。いわば、〈分断〉のない制作の場をつくろうとしたのだ。

不特定多数の人の集まりに、話の方向性を持たせることは難しい。現に、話はあちこち脱線し、単なるおしゃべりの場と化すこともしばしばだった。それでも僕らがこの方法にこだわり続けたのは、それが、人類が「都市」をつくってきたやり口と同じだと考えたからだ。

このやり口が、従来のギャラリーという枠組みを超え、多くの人の注目を集める場をつくり出したのではないかと思っている。

当初は盛況だった「岡画郎」だが、九八年ごろから、徐々に企画が盛り上がりを欠くようになってきた。

それはやはり、「不特定多数による共同制作」の難しさゆえだったのだろう。それでも僕は、その方式を頑なに守り続けた。面倒な人も排除しない。それに耐えきれなくなった人が去って行った。

そこは僕の住まいであっただけに、僕はこの問題から逃げようもなかった。悪化する人間関係と、盛り下がる一方

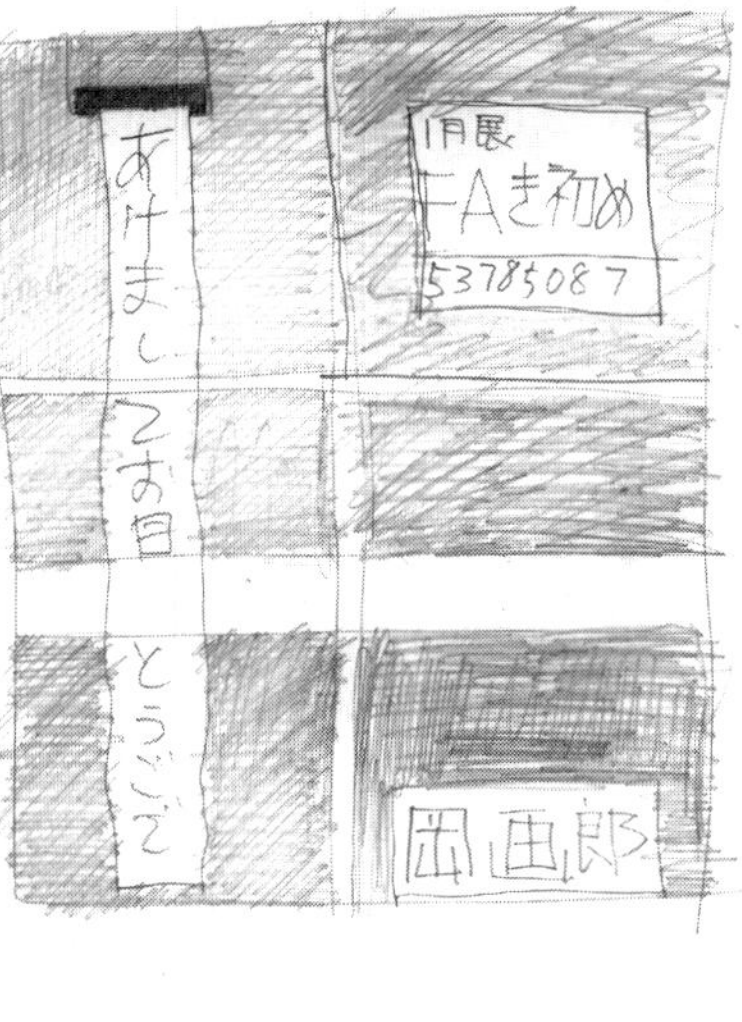

の画郎の現状を間近で直視していると、気分が沈んで仕方がなかった。それがまさしく弱り目に祟り目で、僕の絶望を大きくしたのだ。

「蟻鱒鳶ル」を生んだ、妻の何気ない一言

尻すぼみになった「岡画郎」でも、やっていてよかったことはいくつもある。

そのひとつは、ここで妻と出会えたことだ。画郎の定例会に、妻が突然ひょいとやってきたのだ。

当時の妻は、航空会社でキャビン・アテンダントとして働いていた。てっきりお高く止まっている人たちなのかと思っていたら、定例会の場で、妻はマヌケな発言を連発していた。それで、僕は妻に親近感を持ったのだった。

僕らは、一九九六年の夏ごろから付き合いはじめ、九九年四月に結婚をした。大絶望のさなか、そばにいてくれた妻の優しさが身に沁みた。

もともと僕は、結婚はすまいと思っていた。自分の人生すべてを建築にぶっこむつもりで生きてきた。結婚を決めたのは、もう建築を諦めようと思ったからだ。ところが、この結婚が、僕を「蟻鱒鳶ル」へと向かわせる第一歩になるのだから、人生は分からない。

最初のきっかけは、一軒家に住みたいという妻の一言だった。

「啓輔って、家の設計できるんだよね？」

「お、おうよ。一級建築士の試験に受かったからね。まだお金は払ってないけど……」

「ふーん。でさ、大工仕事もできるんだよね。鳶《とび》って言うの？　足場組んで、高いとこ登って、家建てちゃう人たち。そういうのもできるんでしょ？」

「おう、あったりまえだよ」

大絶望で落ち込みきっている僕には、こんなちょっとした言葉がうれしくて仕方がない。

「じゃあ、わたしたちが住む家つくってよ」

「へ？」

『へ？』じゃなくてさ。小さくてもいいから、どこかに土地買ってさ。設計して、大工もすれば、わたしたちの住む家できるんだよね？」

「おう、できる、できるよ」

「ホント？」

「おう、簡単簡単。家ぐらい、ちょちょいのちょいとつくってみせるよ」

こんなちょっとした会話がきっかけで、僕は自分の家をつくることになった。結婚して、数カ月が経ったころのことだ。

そのときは、ありふれた普通の家を、ごくごく簡単につくるつもりだった。それなのに、僕はもう一度、建築の深みにずぶずぶハマってしまった。

「岡、それで行け」

家を建てるための土地を、競売で探したのはすでに見たとおり。土地を探してしばらくすると、東京・富ヶ谷（渋谷区）の山手通り沿いの手頃な土地が競売に出た。山手通りが大きく曲がっているところで、通りから建物の壁がよく見えそうなところだった。

いい土地を見つけると、僕は法律を調べて建蔽率《けんぺいりつ》（建築面積の敷地面積に占める割合）や容積率（延床面積の敷地面積に占める割合）を計算し、どこまでの大きさの家を建てられるのか算段をつけた。そのうえで、図面を描いて妻に見せ、いくらで入札するかを考える。

このとき、僕は生涯でおそらく最悪の絵を描いた。

テーマは「看板に住む家」だ。土地が大通りに面している場所柄を活かし、上の部分を全面看板にしたらどうだろうか。世界で活躍する芸術家の川俣正さんが、「看板の家」という作品をつくり、そこに遊びに行ったことがあった。それを真似ようと考えたのだ。

でもそれは、僕の弱さを隠す体《てい》のいい言い訳だった。

看板広告の上がりがあれば、職人仕事ができなくても稼ぎを得ることができる。それに、気持ちはデザインすることから完全に逃げていた。看板をつくるだけでよければ、建築のデザインをする必要もない。

身も心もボロボロなのをいいことに、建築をつくることから全力で逃げた絵を、「透明の建築」に続いてまたしても描いてしまった。

話を聞く妻は、とてもつまらなそうな表情をしていた。


結局、僕らは二〇〇〇年九月に、三田の小さな土地を手に入れた。

土地を買ってひと月後の二〇〇〇年一〇月、家をどう建てるべきか、道筋を探りかねていると、石山修武さんから連絡が届いた。近々ワークショップを開くという案内だった。テーマは「都市住宅を考える」とある。まるで僕のために開かれるもののように思えて参加を決めた。


ワークショップ初日、石山さんからとてもシンプルな課題が出される。

――お前たちが本気でつくりたいと考えている絵を描いてみろ!

石山さんには憧れと尊敬を抱くと同時に、ものすごく恐れを抱いてもいた。つまらない絵を見せようものなら、「くだらねぇ!」と一喝されるのがオチだ。それまで何度か、石山さんの前でプレゼンをしたときは、いつも蛇に睨まれた蛙さながらに、アワアワして声を上ずらせ、ボロボロの姿をさらすだけだった。

このときは、我が身の切実な問題を抱えていたから、いつも以上に必死で考えた。

自分にウソがないように……、自分がやってきたことを信じて……。

すると、今まで考えたこともなかった建築の絵がスルスルッと出てきた。自分でもはっと驚くいいアイデアだった。「これなら石山さんに怒られないかも……」という感触だけを頼りに、ふと降りてきたアイデアを、アワアワしながら石山さんの前でプレゼンした。

「岡、それで行け」

石山さんの目は、本気だった。

何かの完成である。と同時に、次への舞台である

セルフビルドで踊る――。踊りを即興で生み出すように、建築を〈即興〉でつくる――。

「〈即興〉の建築」というアイデアは、高山でセルフビルドを学び、建築現場で建築のつくり方を学び、舞踏で即興の踊りを学んだ僕には、今にして思えばとても素直な筋だ。

このアイデアを、僕が自力で捻り出したという感覚はまったくない。このアイデアが降りてきたのは、石山さんの力があればこそだ。

しかも、このアイデアの、何をどう褒められたのかが自分でも分からない。おまけに、この発想は、建築のつくり方としてあまりに無謀すぎた。建築現場を体感している僕だからこそ、自分のアイデアの無鉄砲さは痛いほど分かった。

いやいやいや無理無理無理無理。建築をそんなふうにつくれるわけないっしょ。

石山さんに褒められたうれしさよりも、このアイデアで突き進む恐ろしさに、膝が震えて腰が引けた。こんなやり口では無理だと、他の方法を探そうとする。

でも、このとき浮かんだアイデアが頭にこびりついて離れない。無謀だと思っていても、それをどうにかやる方法はないのか、気づいたら考えている。

このアイデアに、恐れながらも強烈に惹かれていた。次第に、「この方法でやるべきなのだ」と使命感のような思いさえ芽生えはじめていた。

そして二〇〇一年夏、倉田先生亡き後の高山建築学校で、僕は恐る恐る、自分の建築をつかむための一歩を踏み出した。「70㎝打法」で高さ数メートルの柱をつくり、建築のつくり方としてあり得る方法だと確認したのだ。

少しばかりの自信を得た僕は、高山から東京に戻るとすぐに、試験に受かっただけで放置していた一級建築士の登録手続きを済ませた。建築確認申請を出すためには、一級建築士による設計図面が必要だった。

とはいえ、一本の柱をつくるのと、人が住まう建築をつくるのでは、意味合いがまったく違う。

グズグズと腹を決めかねていると、その年の秋、今度は友人のアーティスト、マイアミが手を差し伸べてくれた。後に「蟻鱒鳶ル」の名前をつけてくれた恩人でもある。マイアミが京都で開く「つるのおんがえし」というイベントで、僕に建築について話せと言う。

開催は二〇〇二年四月だ。

半年ほどの猶予があっても、考えはまとまらない。でも確かに少しずつ、「〈即興〉の建築」という方向に、気持ちは向かいはじめていた。

イベント当日。何を語るかを決めきれぬまま、みなの前に出る。そこでそっとズボンとパンツを脱ぎはじめ、その恥ずかしさを手がかりに踊りはじめた。

「今はモーレツに恥ずかしいです。でも、この恥ずかしさを利用して踊りたい！　白々しいテクニックではなくて、僕のなかで今リアルに巻き起こる感情を踊りで表現したい！　そして、こんなふうに、そのときどきに沸き起こる僕の感情を手がかりに、即興で建築をつくっていきたい!!」

踊りながらそんなことを話した。

石山さんへのプレゼンでは、絵にこんな言葉を添えていた。


——何かの完成である。と同時に、次への舞台である。

建築現場で働いているとき、フロアが完成して上に上がるだけでワクワクした。何もなかった空間に新たにできたその場所で、新しい風を感じ、新たな景色を見た。できたてホヤホヤのその場所が、僕には舞台に思えた。

形ができあがった悦びをエネルギーに変え、それをイメージの源泉に、建築の次なる部分をつくり上げる。ひとつの床や壁をつくった悦びを土台に、その上に建築を即興的に積み重ねていく。踊る悦びで踊りが自動生成されるように、建築をつくる悦びで建築が自動生成される。つくる悦びを原動力に、つくる現場で建築を産み落としていく。

これが、建築をつくる新しい方法にならないだろうか――。

「〈即興の建築〉」のアイデアは、僕のなかで具体的なイメージを伴いはじめていた。

僕は、ユートピアでも建築をつくるのだろうか

京都でのイベントを大きなきっかけとして、僕の腹もようやく固まってくる。

それから間もなく、僕はマイアミに、建物の名前を考えてほしいと依頼する。

七月には、フィンランドにアールトの建築を見に行った。

同じ年の九月には、二人で住む家を、即興で踊るように、自分の手でつくっていきたいと妻にあらためて告げる。妻からしてもあまりに突拍子もないアイデアで、最初は驚いていたが、最終的には納得してくれたようだ。二カ月後、僕がつくろうとしている建築の参考になるのではと、妻がある場所に連れて行ってくれた。そこで見た建築は、僕が「蟻鱒鳶ル」と向き合う大きな勇気をくれた（詳しくは次章で触れたい）。

そして、物事は少しずつ着実に進みはじめる。二〇〇三年一月には、マイアミに頼んでいた建物の名前がようやく決まる。二〇〇〇年一〇月、石山さんのワークショップで産み落とされた建築のアイデアに、ようやく「蟻鱒鳶ル」という名が付けられた。

名前を得たことで、僕も決意をあらたにした。

三月には、「蟻鱒鳶ル」の建設に集中するため、「岡画郎」を閉郎し、四月に三田で妻と暮らしはじめる（結婚してからも、それまでは僕は「岡画郎」に住み続け、妻とは別居の状態が続いていた）。六月には、「蟻鱒鳶ル」のコンセプトをまとめて「ＳＤレビュー」に応募し、アイデアを世に問うた。結果は、審査員をされていた藤森照信さんの特別賞をいただいた。

石山さんの力で引っ張り出された「〈即興〉の建築」のアイデアは、僕がそれまで歩んできた道を思えば、とても素直なやり口だった。

けれども、自分のうちに沸き起こる感情を拠り所に、即興で建築をつくるこのやり口は、それまで僕が信じていた建築のあり方を、一八〇度完全にひっくり返す大事件だった。

話は、高専で建築を学びはじめた一五歳のころにまで遡る。

無知で単純だった少年は、建築についてこんなふうに教わった。

建築とは、雨風や暑さ寒さをしのぎ、地震から人の命を守り、泥棒に入られないようにするためのものだ。だから、建築をつくるときは、そういう役割をきちんと果たすようにしなければならない。雨漏りしたり風で吹き飛ばされたり、地震ですぐに潰れてしまったりするものをつくってはいけない。建築とは、必要な機能を満たしたものなのだ。

この説明を受け、一五歳の僕は考えた。

だとしたら、雨も降らず風も吹かず、暑くもなく寒くもなく、地震も起きず、食べものも豊富で泥棒なんていないような、ユートピアみたいな世界があったとしたら、そこで人は建築をつくるだろうか——。

答えは二通り考えられる。ひとつは、環境が建築を必要としないのだから、建築をつくらない派。もうひとつは、それでもつくりたいから建築をつくる派だ。「ユートピアではつくらない派」は、自然のなかで裸で生きていく潔さが美しく、「ユートピアでもつくる派」は、ギラギラ燃え上がっていてカッコいい。

学生だった一〇代は、建築への興奮で、「ユートピアでもつくってやる」と息巻いていた。だが次第に、「ユートピアではつくらない派」の潔さにも惹かれてくる。二〇代になると、両派を行ったり来たりするうち、僕は次第に「ユートピアではつくらない派」に落ち着いた。

ひっくり返したこと

でも、その考えを突き詰めたら、「透明の建築」に辿り着いてしまった。だが、それはなんてことはない。建築の形やデザインを、すべて消し去っただけのことだ。

僕が建築をつくるために残された唯一の道――。それは、「ユートピアでもつくる派」に転向を果たすことだった。

建築をつくりたいからつくる。つくりたいようにつくる。

それは、「ユートピアではつくらない派」にいた僕にとって、顔から火が出るほど恥ずかしい行為だった。

建築は、機能の合理性や必然性だけでつくりきれるものではない。どれだけ機能を満たすようにつくったとしても、最後の形とデザインは、つくり手が決めるしかない。

どんなに恥ずかしくても、自分で表現をつくり出していく。建築をどうつくるかの必然性は、建築のつくり手自身の内側に存在するものなのだ。

僕自身の必然性にもとづいて建築をつくる――。

その着想は、僕にかすかな希望をもたらしてくれた。

「人生初の大絶望」を経験し、「透明の建築」や全面看板の最悪の絵を描いてしまう。土地を買ったというのに、家一軒のデザインがままならない……。このとき僕は、自分のなかの生きる力が、日に日に弱まっていると感じていた。

このままでは、本当に死んでしまう。生きていても、抜け殻のようになってしまう。生きる力を取り戻すには、とにかく「つくる」しかない。恥ずかしかろうが情けなかろうが、何らかの表現を生み出すしかない。

そこまで思って初めて、僕は自分が今まで歩んできたのと真逆の道を歩みはじめた。

単純な真実

高知の「沢田マンション」

二〇〇二年九月、僕は妻に連れられ高知に来ていた。

「高知になんかおもしろいマンションがあるんだって。きっと好きそうだから見に行こうよ」

「なんで高知まで行ってマンション見物するの？」

「『沢田マンション』って言うんだって。知らないの？」

「サワダ、マンション……⁇」

「沢田さんって人が夫婦でつくったマンションなんだって。テレビで観たことあるけど、すごいところみたいだし、沢田さん夫妻もおもしろそうな人たちだったよ」

きっと、妻なりに僕のつくりたい建築を汲み取ってのことだったのだろう。

なんでも沢田嘉農《さわだかのう》さん（一九二七–二〇〇三）という方が、奥さんの裕江《ひろえ》さん（一九四六–）

と一緒にセルフビルドでつくったマンションらしい。

このマンション、場所は、高知市中心部からクルマで一五分ほどのところにある。

高知空港からバスで目的地へ向かうと、外壁の白い巨大な建造物が視界に入ってきた。「地方にあるマンション」と聞いて想像していたよりはるかに大きい。地下一階・地上五階建て、これも後から聞いた話では、横幅七〇メートル、五五〇坪の敷地に六〇ほどの住戸があるのだという。外観は立体駐車場のようにも見える。

いかほどの建築かといざ建物に近づいていくと、計画や施工のアラばかりが目に飛び込んでくる。

たとえば階段。普通は、一段の高さが均等になるようにつくるはずが、ここでは段の高さが均一ではなく、上のほうだけ高さが低くなっている。目分量で階段をつくりはじめ、高さが合わなくなって、最後に帳尻合わせをしたのが丸分かりだ。

あそこがダメ、ここがダメ……。建築の基本がまるでできていない、ダメダメオンパレードである。この建築の何がいいのやらさっぱり分からない。これを建築として認める気にはなれない。こんないい加減なものをつくっちゃいけない、とまで思っていた。

仏頂面で見物していると、住人の一人が現れ、誇らしげに建物の案内をはじめた。屋上で見た水田や菜園、池がある庭園は大胆で壮観だった。クルマでも登れるスロープが、五階まで続いているのも驚きだった。これが、立体駐車場のようにも見えた理由だろう。別の住人の少年は、部屋に僕らを招き入れ、沢田マンションが取り上げられたテレビの映像を見せてくれた。

なるほど、少しは分かった。住人は間違いなくこのマンションを愛している。建物にもユニークなところがある。マンションをつくった沢田夫妻もかなり独特でおもしろく、夫妻がこのマンションをつくるまでにも、壮大でおもしろいドラマがあるようだ。

でも、それはそれだ。むしろ、彼らに案内されて建物の中をじっくり見れば見るほど、おかしな点が気になった。

マンションでは、部屋には廊下を通っていくのが常識だが、ここにはなぜか、廊下とつながっていない部屋がある。その時点でまず驚きだが、さらなる驚きは、その部屋に行くのに別の部屋のベランダを通らなければならないことだった。実際そこを通ると、部屋の中で、ばあちゃんたちが下着姿でゴロンとしている場面に遭遇する。そんな場所を、はじめてこの建物に足を踏み入れた僕が、「どうも、どうも」と挨拶しながら通っていく。

（こんな建築ありえないっしょ……）

つくった人がどんなにおもしろかろうと、建物がどれだけ住人に愛されていようと、この建築をよしとするわけにはいかない。ダメなものはダメだ。

高知まで来て無駄足だったと早々にマンション見物を終え、旅のもうひとつの目的だったカツオを食べに店に向かう。さすがに戻りガツオの旬の時期だけあって美味い。そのころには、「沢田マンション」のことなどすっかり忘れ、酒も進んで気持ちよく酔う。ホテルに着くとバタリと寝入った。

思い出した先人の言葉

夜中に、はたと目が覚めた。

あぁあぁぁ――――!!!

脳天に雷が落ちたかのような衝撃が走る。横で寝ている妻を叩き起こして、僕は大興奮で語りはじめた。

「今日見た『沢田マンション』、さっきはダメだと思ったけど、実はすごいんじゃないか!? いや、ものすごく素晴らしいぞ。僕はすごいモノをこの目で見たんだ!! 生の夢だ!! ピチピチの生きた夢だ!!!」

そのとき思い出したのは、「〈即興〉の建築」のアイデアが生まれた二年前の石山さんのワークショップの一場面だ。高山建築学校にも来られていた建築史家の鈴木博之先生が、講義でこんな話をされた。

「『楽しんでつくったモノは美しく、イヤイヤながらつくったモノは美しくない』。これは、一九世紀のイギリスの批評家ジョン・ラスキンの言葉だ」

（そんなバカな……、そんな簡単なことなら苦労しないぞ。でも、もしホントにそうだったら……、それはすごいことだぞ……）

当時の僕は、そう思ったきり、そのことを忘れていた。でも、「沢田マンション」を見て、この言葉の意味するところが一気にドカーンと分かった気がした。

「沢田マンション」こそ、「つくり手が心の底から楽しんでつくった美しい建築」だ。その美しさが放つパワーが、多くの人を惹きつけている。もちろんへたなところはある。ありすぎる。でも、「沢田マンション」は、うまい・へたの次元を完全に超越している。この建築が放つ底抜けに明るい輝きは、沢田夫婦だからこそつくり出せたものなのだ。

そのことに気付かなかったのは、僕が建築の「常識」に囚《とら》われていたからだろう。目の前の建築が、僕の「常識」とあまりにかけ離れていて、それを受け止め消化するのに時間がかかってしまったのだ。そして、まどろみのなかで、僕の無意識が鈴木先生の言葉を引っ張りだしてくれたのだ。

このとき僕は、僕がつくるべき建築の方向性をはっきりと自覚した。

翌日、まっすぐ帰る予定だったのを変更し、「沢田マンション」に挨拶に立ち寄った。

「とても感動しました。近いうちにもう一度見に来ますので、そのときはよろしくお願いします」

およそ一カ月後、僕はもう一度「沢田マンション」を訪れた。今度は徹底的に見るぞと一週間ほど滞在した。

スケッチをしたり、細かな寸法を測ったり……。滞在中、「沢田マンション」のことが好きで好きでたまらない何人もの若者が、毎日のように建物を案内してくれた。彼らと毎日のように呑んだくれ、住人の子どもやおばあちゃんにマンションの話を聞いた。屋上にテントを張らせてもらおうと思っていたら、「空いている部屋があるからそこに寝とき」と、かりそめながら住人気分も味わえた。

僕は「沢田マンション」を存分に味わった。そこには、二人の夢と、二人がとことん楽しんでつくった悦びが溢れていた。

あらためてまじまじと見た「沢田マンション」は、スケールの大きさが際立っていた。嘉農さんは、マンション本体だけでなく、工事に必要なクレーンも自作している。と言っても意味がよく分からないかもしれない。僕が説明を受けたときもそうだった。クレーンを自分でつくろうという発想があまりに飛び抜けている。

しかも、そのクレーンが二、三度折れたことがあるらしく、それでもめげずに修理し使い続けているのだそうだ。自分でつくることにどこまでもこだわり、常識に囚われずとことんアタックする。その気持ちの強さに、僕は度肝を抜かれた。

建物のつくり方も、建築の常識からかけ離れ、自由極まりない。そのいい例が、屋上につくった水田や、クルマで最上階まで上がれるスロープだ。

自由に、大胆に、自分がやりたいと思ったことを力強く実現する。細かいことに囚われず、大きな絵を描いて挑んでいく。その大切さを、僕は「沢田マンション」から教わった。

火を吹いた夜

帰る前日、僕は沢田夫妻に、自分がつくろうとしている建築の図面を見せた。建物がうねうねとしているヘンテコな図面だ。このとき、僕の建築に名前はまだない。

「あの、嘉農さん、僕、こんな建築をつくりたいと思ってるんです……。よかったら、見ていただけませんか」

「こりゃあええ、こりゃあええ建築じゃあ。裕江、おまえも見てみぃ。ええ建築じゃろ」

「ほんにええ建築じゃ。力がみなぎっちょる」

「これはまっことええな。夢がある。人はこげなもんばつくらにゃあいけん」

二人とも、怪訝《けげん》な表情をすることもなく、まっすぐに僕の図面を褒めてくれる。

僕は二人に、自分が抱えている心配事を打ち明けた。こんなやり方で本当に建築をつくれるのか、不安を感じていると……。すると、嘉農さんは力強く答えてくれた。

「心配するによばん、必ずあんたはつくりきるろう。そういう顔をしちょる」

うれしくなって、僕は二人にささやかなお礼をしようと考えた。

「ありがとうございます。泊めていただいたお礼に、今晩ちょっと芸をお見せします。夜八時に屋上にお集まりください」

夜八時、沢田夫妻と、夫妻の三人の娘さんたちの家族、そして「沢田マンション」の住人たちが、屋上に集まってくる。頃合いを見計らい、僕はこんな口上を述べる。

「この、つくる悦びに満ちた素晴らしき建築、『沢田マンション』でこの先火事など起こりませんように、今宵ワタシがすべての悪い火を燃やし尽くします」

「沢田マンション」は、それまで幾度か火事に見舞われていた。ここで二度とそんなことがないように願いを込め、僕はゆらゆら踊りながら火を吹いた。松明をぐるぐる回し、灯油を口に含み、バーバー火を吹いた。

すると、それまであまりお話しする機会がなかった夫妻の娘さんたち家族が、一気に盛り上がりを見せる。

「あんた、おもろいやっちゃな。この後は部屋に行ってたんと飲むぞ」

僕は沢田家族にずいぶん飲まされ、ベロンベロンに酔っ払った。ぐでんぐでんになりながら、どういう建築をつくりたいのかワアワア喋っていたら、奥さんの裕江さんと娘さんたちが、口を揃えてこんなことを言いはじめた。

「あんた、うちの父ちゃんと喋り方がそっくりじゃ」

「ほんによう似とる。間違いない、こん男はええ男じゃ」

「こげんいい男なら、うちの父ちゃんみたいに、いい建築をきっとつくりきるろう」

僕は高知で、とてつもなく大きなお土産をもらって東京へと戻ってきた。

楽しんでつくる建築家たち

「沢田マンション」の衝撃は、僕にいろいろな建築を思い起こさせた。記憶の中に眠る、「つくる悦び」に満ちた、「楽しんでつくった美しい建築」の数々が頭に浮かんできた。

そのひとつは、一九九七年の夏、埼玉出身の妻が（当時はまだ結婚はしていなかった）、「おもしろいところがある」と連れて行ってくれた「巌窟《がんくつ》ホテル」だ。

それは、高橋峯吉（生没年不詳）というお百姓が、明治から大正にかけての二一年間、埼玉県吉見町の山肌に、岩盤をくり抜いてつくった空間だ。中には部屋や椅子や机や花瓶があり、すべてノミで掘ってつくったのだそうだ。

この、建築と呼んでいいのか分からない空間は、高橋峯吉が、理想の建築を目指してつくったものだと伝わっている。山が多い日本では、山肌に穴を掘り、洞窟のように暮らすのが理想的だと峯吉は考えた。洞窟の中は一年中温度がほぼ一定で、暑さ寒さと雨風を簡単に凌《しの》げるからだ。

だが、「巌窟ホテル」には不思議なデザインがいくつかある。

ひとつは、穴を掘った横の山肌に、ギリシャ風にも見える不思議な家の絵をペンキで描いている。居住性には何の関係もないのに、なぜ彼はわざわざ絵を描いたのか——。

もうひとつは、穴の中にあるテーブルと花瓶だ。山肌をくりぬき、テーブルと花瓶の形をつくり出している。当然、テーブルも花瓶も動かすことができない。花瓶に至っては、水を換えることができないわけで、機能性を欠いていると言わざるを得ない。

これらの不思議なデザインは、峯吉の「つくりたい思い」が溢れ出たものなのではないか。穴を掘って空間をつくるだけでは飽き足らず、さまざまな形をつくり出した。二〇年以上岩肌を掘り続けた峯吉の胸の内には、きっと「つくる悦び」が満ち溢れていたのだ。

そしてもうひとつ。二〇〇〇年夏に妻と二人で訪れたアメリカ西海岸でも、僕は「つくる悦び」に満ちた建築を目にしていた。カナダ生まれでアメリカ西海岸を拠点に活動を続ける、巨匠フランク・ゲーリーの若き日の建築だ。

そのとき、僕はゲーリーが手がけた建築を二つ目にした。彼が世界で注目を集めるようになった「ゲーリー自邸」(一九七八)と、映画『イージー・ライダー』(一九六九年公開)で監督・脚本・主演を務めたデニス・ホッパーの自邸だ。

ゲーリーは、脱構築主義（デコン）を代表する建築家のひとりだ。ゲーリーがつくる建築は、曲面やうねうねした形を多用した複雑な造形をしたものが多い。日本の神戸にも、「フィッシュ・ダンス」（一九八七）と呼ばれる作品がある。

「ゲーリー自邸」は、中古の建売住宅を安っぽい材料でリノベーションしたものだ。後に彼がつくった複雑な造形の建築と比べると、デザインの仕上がりはずいぶんスッキリして見える。けれども、随所にゲーリーらしい遊び心が見てとれる。

たとえば、どこの公園でも使われているようなフェンスでベランダの柵をつくり、普通は水平と垂直の組み合わせでつくる雨樋《あまどい》を、左上から右下まで斜めにビュッと直線で走らせてしまう。デニス・ホッパーの自邸でも、随所に似たようなデザインが施されていた。細かなデザインの一つひとつに、建築をつくる楽しさが溢れているようだった。

ゲーリーが建築家を志したきっかけは、フィンランドの巨匠アルヴァ・アールトにあるようだ。ゲーリーがカナダに住んでいるとき、トロント大学にやってきたアールトの講義をたまたま聴く機会があった。アールトはそのとき、曲げ細工の椅子をどうつくるかについて話していたのだそうだ。ゲーリーはきっと、アールトが醸し出す「つくる悦び」に感化され、その悦びを自分でも体感したいと、建築家を目指したのではないだろうか。

ゲーリーとアールト、そして沢田さんと峯吉は、とてもシンプルなことを僕に思い起こさせてくれた。

己がつくりたいものを、つくりたいようにつくる――。

ゲーリーもアールトも沢田さんも峯吉も、いたずらっ子が新しいいたずらを思いついたときのような表情で、建築をつくっている様子が目に浮かぶ。

その「つくる悦び」が、建築に大きな力を吹き込むのだ。

貧しい建築

アメリカ西海岸では、ゲーリーの建築と対照的なものも見た。

旅の途中に泊まったロードサイドの安モーテルだ。その建物は、素人がつくったとしか思えない、ベニヤ板で囲っただけの、安っぽいただの箱だ。

西海岸の気候・風土は人に優しい。温暖で雨も少なく住みやすい。暮らしていくには、ちょっとした雨風を凌げる箱があればいい。だから、素人がベニヤ板を貼り付けただけで、建築が成り立ってしまう。

それと対極にあるのが、日本の伝統建築だ。その建築様式は、建築が存在するための必要条件(必然性)を満たそうとして、必然的に生まれてきたものだ。

日本列島には地震があり台風があり梅雨があり、夏は高温多湿、冬は豪雪に見舞われる地域もある。実際、そういう気候と風土のなかで、人が暮らしていくために、建築にはさまざまな工夫が施されてきた。地震に耐える木組みが生み出され、建物を雨から守るため屋根に瓦を葺《ふ》き、暑さを防ぐために窓に庇《ひさし》をかけ、湿気を緩和するため、空気中の水分を吸収する漆喰《しっくい》で壁を仕上げる。

それが、日本の伝統建築の形をつくってきた。その美しい形は、日本の気候と風土のなかで育まれてきたものなのだ。

対するアメリカ西海岸には、人が暮らしのために向き合っていかなければならない厳しい気候と風土はない。少なくとも、日本と比べれば格段に暮らしやすい。

そこでは、環境の必要条件がごくわずかしかない。建築は、ベニヤでつくったペラペラの四角い箱でも十分に成り立ってしまう。そのつまらなさたるや、痛々しいほどだ。

現代の日本でも、アメリカ西海岸の安モーテルのように、薄っぺらい小屋のような建物が増えている。それを可能にしているのは、さまざまな技術だ。

たとえば、燃えにくくて腐りにくい、それでいてメンテナンス性も高くて値段も手ごろな新建材。あるいは、猛烈に暑い夏の日も、肌を刺すように寒い冬の日も、室内を快適な温度に保つエアコンと、それを支える安い電力。こうした技術を使えば、気候・風土の厳しい日本でも、建築の必要条件を簡単に満たすことができるようになった。

いまや、日本でつくられる建築でも、伝統建築で受け継がれてきた工夫や技術は必要とされなくなった。ほとんど素人レベルの職人でも簡単につくれてしまう、新建材を張り合わせただけの薄っぺらい建物があちこちに広まっている。そうした建築も、内外装はそれらしく化粧が施されてはいるけれど、一皮剝けば、西海岸の安モーテルと大差はない。

そうしたペラペラの建物は、土地とのつながりのことなど、まるで考えられていない。どこか遠くで設計者が引いた図面に従い、現場で新建材をペタペタと貼り合わせ、大きなプラモデルのように、建物がつくられていく。

それは確かに、建築に必要な条件を満たしてはいる。建築の性能ということだけを見れば十分なのかもしれない。

でも、性能のことしか考えていない建物は、見ていてとても痛々しい。その集積が、町の景色を無残にしているように思えてならない。


ゲーリーの遊び心溢れる建築と、ベニヤを貼り付けただけの安モーテル――。

同じ西海岸で見た対照的な二つの建築は、僕に、「建築を必要としないユートピアで、人は建築をつくるか」問題と、「透明の建築」を描いてしまったことを思い出させた。

環境が必要とする条件だけで建築をつくっていたら、建築は貧しくなってしまう。

ユートピアでは建築をつくらない。その考えを突き詰めると、安モーテルのハリボテ建築に行き着いてしまう。安モーテルは、僕が描いた「透明の建築」と、同じ理屈でつくられたものなのだ。

一方で、ゲーリーの建築には、つくりたい「建築欲」が溢れている。環境の必要条件を満たすだけでは建築になり得ない――。ゲーリーは、そのことをはっきりと自覚していたはずだ。必要条件を満たすことに飽き足らず、自分がつくりたいものを素直につくる。その「つくる悦び」が、建築の端々で表現されているのだ。

いま振り返れば、このとき西海岸で見た建築が、「〈即興〉の建築」のアイデアを生み出す問題意識になったのだろうと思う。対照的な二つの建築が、「透明の建築」を描いて行き詰まっていた僕の建築観に、大きな揺さぶりをかけたのだ。

ラスキンとモリス

楽しんでつくったモノは美しく、イヤイヤながらつくったモノは美しくない――。ジョン・ラスキンが残したその言葉は、「沢田マンション」を見て以来、僕の頭の中でぐるぐると渦巻いていた。

そしてあるとき気が付いた。倉田先生が高山建築学校でやろうとしていたのは、現代の建築に「つくる悦び」を取り戻す試みだったのだと。

高山建築学校は、ラスキンと不思議な縁でつながっている。

高山にはかつて、小野二郎さん（一九二九―一九八二）という研究者の方が来られていた。僕が高山に通いはじめるよりもずっと前、一九七〇年代後半から、一九八二年四月に亡くなる前年までのことだ。

小野二郎さんが力を注いで研究されていたのは、ラスキンに学び、ラスキンから大きな影響を受けたウィリアム・モリス（一八三四―一八九六）だった。

ラスキンやモリスが生きた時代、イギリスでは、産業革命によって工業化が急速に進んでいた。ワットが実用化した蒸気機関の技術は、巨大な機械を動かす動力になり、日用品は、職人による手仕事ではなく、工場で大量生産されるようになった。

当時のイギリスでは、粗悪で悪趣味なモノばかりが大量生産されていたそうだ。また、機械の導入によって仕事は細かく分業され、仕事に携わる人たちが、仕事の全体像を見られなくなった。それにより仕事から悦びややり甲斐が失われ、労働は辛く苦しいものと考えられるようになっていった。

ラスキンとモリスは、こうした社会状況を憂いていた。

どうすれば、労働に悦びを、日用品に美しさを取り戻すことができるのか――。

二人が注目したのは、産業革命以前の中世の時代の社会のあり方だ。かつては、職人の手仕事により、実用的かつ芸術的な美しい日用品がつくり出されていた。一人の職人が、モノと深く向き合いそこに命を吹き込み、労働にも「つくる悦び」が満ちていた。こうした労働のあり方に理想を見出し、二人は批評家・思想家として論評を展開した。

さらにモリスは、自身もデザイナーとして、実用性と美しさを兼ね備えた日用品をつくる運動をはじめた。それが、生活と芸術を一致させ、人々の生活の質の向上を目指した「アーツ・アンド・クラフツ」という運動だ。

モノに美しさを与えるこの試みは、ヨーロッパ各国にさまざまな影響を与え、現代にまで受け継がれている。この運動は現代のデザインの源流をつくり、モリスは「モダンデザインの父」と呼ばれている。

産業革命によって生まれたモダニズムの建築も、「アーツ・アンド・クラフツ」の影響を少なからず受けている。ラスキンやモリスの問題意識が受け継がれ、大量生産されるようになった建築に、「デザイン」という概念が持ち込まれたのだ。

「つくる悦び」を取り戻す場所

ところが今や、このモダニズム建築が行き詰まりを見せている。モダニズムに代わる何かを、今の時代に生み出さねばならない――。それが、倉田先生が高山建築学校をはじめた問題意識であったはずだ。

倉田先生が、モリス研究者である小野二郎さんを迎え入れた理由もここにありそうだ。

倉田先生は、自身のノートにこう記しておられた。

――今こそ〈創る悦び〉をもう一度建築に取り戻さなければならない。

自分の手でものをつくる。原初の人類も持っていたはずのその悦びを手がかりに、建築とは何かを見つめ直し、建築を組み立て直す。

高山建築学校は、それを実践するための場所であったのだ。

思い起こせば、高山で何かをつくっているときの倉田先生は、いつもうれしそうな表情を浮かべていた。晩年、病気が進行して身体が動かなくなってからも、こちらが手助けを申し出ても手を借りるのを拒み、自分の手でつくることにこだわり続けた。

この、倉田先生のつくることへの飽くなき情熱、すなわち「つくる悦び」が僕に伝わり、僕を「蟻鱒鳶ル」へと向かわせることになった。倉田先生亡き今、僕にできることは、この「つくる悦び」を、一人でも多くの人に伝えることなのだ。

建築とは、ポジティブな表現活動だ！

建築は、建築家の作品でもなければ表現活動でもない――。

現代の建築家の多くは、好んでそういう物言いをするけれど、僕はその意見に反対だ。建築とは、紛れもない表現活動だ。人が何かをつくる以上、そこにはつくる人のなにがしかの思いが表現されてしまう。つまらない建築をつくろうものなら、「つくることはつまらない」と表現しているに等しいのだ。

建築には、芸術に近しい面がある一方で、純粋な芸術とは決定的に違う側面もある。それは建築が、家具や器などの日用品と同じく、人の暮らしのためにつくられたものであることだ。ル・コルビュジエやミース・ファン・デル・ローエ、アルヴァ・アールトをはじめ、多くの建築家が家具や器をデザインしている。

人の暮らしと直結する建築では、決して表現してはいけないものがある。それは、絶望や苦悩、悲しみや怒りといった人間のネガティブな感情だ。

絵画や音楽、文学や演劇、あるいは映画など、純粋な芸術作品であれば、人間の闇の部分に光を当てる表現もあってもいい。むしろ、それに触れることでしか見えてこない真実もあるはずだ。

だが、人の暮らしと直結する建築ではそうはいかない。

建築に表現することが許されるもの——。それは「希望」しかありえない。

たとえば住宅建築であれば、「家族が幸せな暮らしを歩む場所」として、学校であれば「ともに学ぶための場所」として、建築はポジティブな思いを表現するべきだ。

世界を変える、建築の力

「蟻鱒鳶ル」は、僕なりの方法で、「つくる悦び」を全力で表現する場所だ。

言葉を換えれば、「蟻鱒鳶ル」は道端で「つくる悦び」を見せるショーなのだ。「RC作製所」ならぬ、「RC作製SHOW!」だ。「RCサクセション」の音楽のように、僕は「〈即興〉の建築」で「つくる悦び」を示すのだ。

現場には、いろんな人がやってきて、僕の全力の表現に対してさまざまな反応を見せてくれる。

工事を手伝ってくれる友人・知人、建築や美術を学ぶ学生たち、作業をずっと見てきたご近所さん、たまたま前を通りかかった人、大学で建築を教えている研究者の方々、テレビや新聞・雑誌のメディア関係者……。会ったこともない若者が、少し離れたところで真剣な眼差し

現在建設中の３階部分

でスケッチをしている姿を見かけることもしばしばある。

最近は、あちこちのメディアに取り上げてもらったおかげで、わざわざ遠くから足を運んでくれる人もいる。ここ数年は、イギリスにある由緒正しい「AAスクール（英国建築協会付属建築学校）」の学生たちが、僕の話を毎年聞きに来てくれている。レム・コールハース（一九四四－）やザハ・ハディド（一九五〇－二〇一六）などの世界的な建築家を輩出している、世界的に有名な建築の学校だ。

彼らの一人が、「なぜコンクリートで『蟻鱒鳶ル』をつくるのか」と訊ねてきた。

僕は答えた。「『RCサクセション』という音楽グループがあってね。建築を学びはじめた一五歳のときから、彼らのことが大好きだった。そして、鉄筋コンクリートの略称が『RC』だと知り、大きくなったら絶対にコンクリートで建築をつくろうと思ってたんだ」

彼らは、僕の答えをまっすぐに受け止めてくれ、僕はとてももうれしくなった。

ときには、僕と「蟻鱒鳶ル」のことを好ましく思っていない人も現場にやってくる。現場に嫌がらせのように、ゴミが投げ込まれることもある。

二〇一二年の春ごろのこと、近所に住むある方とケンカになった。発端は、僕が配慮を欠いたツイートを、ぼんやり発信してしまったことにある。

ケンカの終わり際、その方はとても正直に心の内を明かしてくれた。

「誰だって、毎日好きな仕事を楽しんでやれているわけじゃない。誰もが自分の好きなこと、やりたいことにまっすぐに生きられるわけじゃない。そういう人にとって、あなたのような人や、こういう悦びの塊みたいなものが近所にあり、日々それを目にしなければならないことが、どれだけ辛く苦しいことか……」

建築という表現は、恐ろしい力を持っている。人の心を激しく揺さぶる力がある。

建設途中のさして大きくもない「蟻鱒鳶ル」でさえ、これだけの力がある。町に無数に建ち並ぶ建築から、人はどれほどの影響を受けているのだろう。きっと、世の中のあり方さえも、建築から少なからぬ影響を受けている。

僕は、建築が持つこの大きな力に自覚的でありたいと思う。それを思えば思うほど、「つくる悦び」を微塵も感じられない建築が、町に溢れているのが悔しくてならない。

だからこそ、建築はポジティブな思いを表現するものでなければならないと強く思う。

それがときに、ある人に不快で耐えがたいものとして見えるのは、おそらくどうしようもないことだ。何をよしとするかは、価値観や感覚の違いがある。批判や反発も、その人たちにとっての表現だ。それらをすべて受け止め、建築という表現に取り組む。それは、僕自身が望んできたことだ。

「岡画郎」でも踊りのパフォーマンスでも、似たようなことを経験してきた。「岡画郎」が、町に対して高い理想を掲げて発信し続けたように、僕は「蟻鱒鳶ル」を通じて、大きな理想を世界に投げかけている。
世界に「つくる悦び」が溢れれば、世界は間違いなく変わっていくはずだ。
そのために、「つくる悦び」を、一人でも多くの人に届けること——。
「蟻鱒鳶ル」は、その足がかりになる場所なのだ。

世界を変える建築

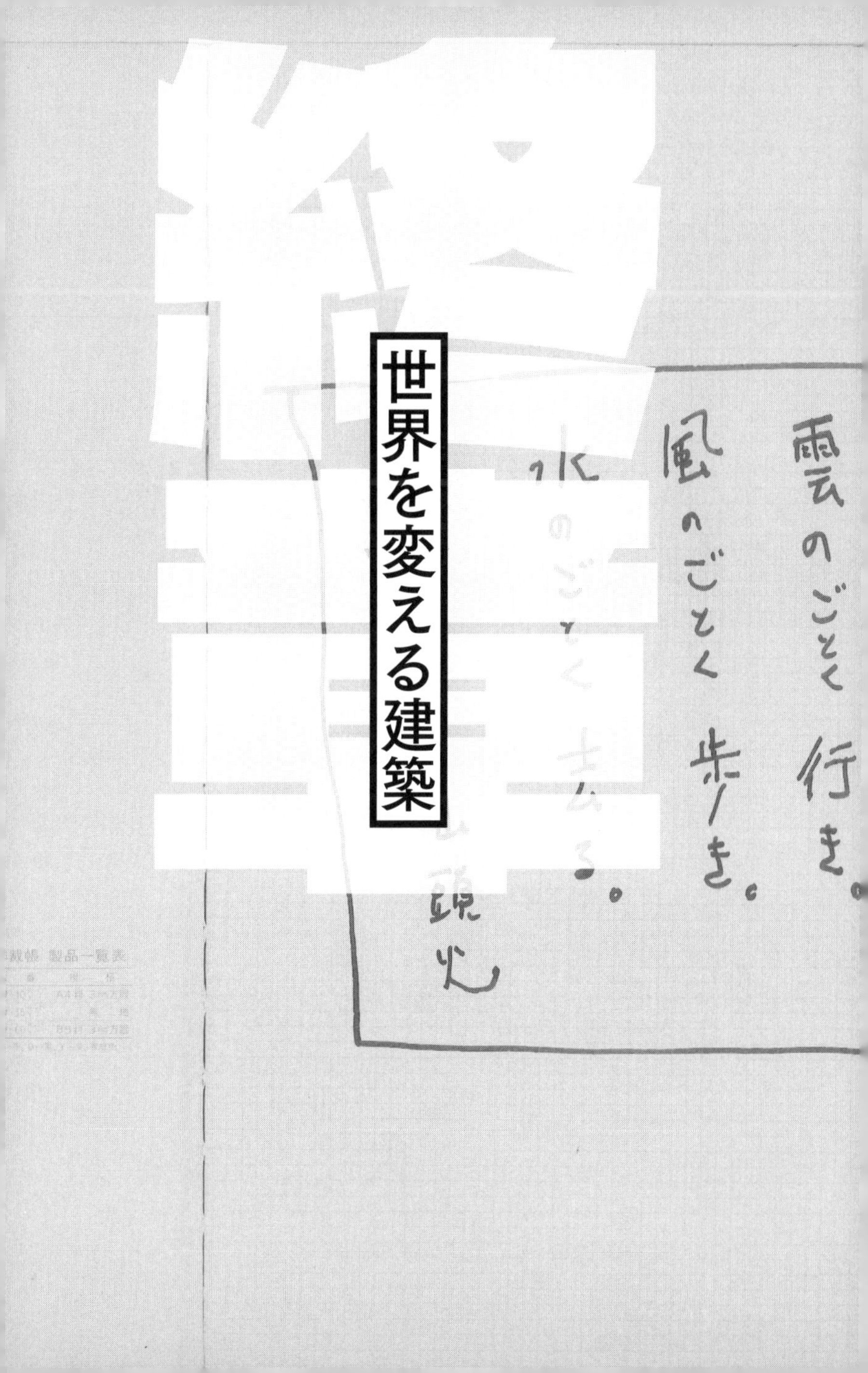
雲のごとく行き。
風のごとく歩き。
水のごとく去る。
頭火

僕はなぜ、「蟻鱒鳶ル」をつくるのだろうか

「なあ岡、結局のところ、お前のドローイングは何なんだ？」

二〇〇三年春、「蟻鱒鳶ル」のコンセプトを、「ＳＤレビュー」という建築の入選展に出品するときのことだ。必要な提出物のなかに、「ドローイング」なるものがあった。

それがいったい何なのか、何を描くべきなのかが分からずに、僕はドイツの美大を出た友人に助言を求めた。

「ドローイングってのは、なぜ自分がその作品をつくるのか、作品をつくらなければならない理由や問題意識を示すものだ。単に絵を描く（draw）ことじゃない。それが伝わらなければ、作品自体がどれほど素晴らしくても、ヨーロッパでは美術作品として評価されない。その人が、たまたまその作品に行き着いただけだと思われて、そんなものは見向きもされない。だから、ドローイングは作品と同じくらい重要なものなんだ。で、岡のドロー

イングはいったい何なんだ？」

　こっちが助言を求めたはずが、気づけば僕が、友人から問いただされていた。建築は表現活動だ。作品は、つくり手の心の内にある、つくらなければならない必然性によって力を与えられる。

　応募の時点で、僕にも建築を踊りと結びつけた絵は見えていた。高山建築学校に通いはじめ、踊りをはじめたときからの一五年近い歳月を、ひとつの作品に注ぎ込めた実感はあった。

　だが、友人は食い下がる。

「岡にとって踊りが重要なのはよく分かる。でも、本当にそれだけなのか？　原点を捕まえきらないと、作品になんかならないぜ」

　友人の言うことももっともだ。僕は苦しんで苦しんで、苦しみ抜いた末に、ようやく「蟻鱒鳶ル」に辿り着いた。つくりはじめる前に、その原点を深く探っておくことは自分にとっても発見がありそうだった。

　幾日も幾日も考え続け、ふと僕はある光景を思い出した。三〇年以上も前、地元の九州・船小屋で遊んでいた小学生のころの光景だ。

田んぼの〈バベル〉

小学校四年生のとき、僕は田んぼに〈バベルの塔〉をつくりはじめた。

きっかけは、どこかでブリューゲルの『バベルの塔』の絵を見たことだった。好きだったＮＨＫの『日曜美術館』で紹介されていたのかもしれない。この絵が、色弱ながら絵描きを夢見る少年・岡啓輔の心を捉えた。

「バベルの塔」は、『旧約聖書』に登場する巨大な塔だ。中東メソポタミア（現・イラク）のバビロンという都市で、人間が天まで届く高い塔をつくろうとして、神の怒りに触れた。それまで人間は一つの言葉を話し、協力して塔をつくっていたが、神はそれを阻《はば》むため、言葉をいくつにも分けた。それによって人間たちは〈分断〉され混乱し、建設は中座、塔は次第に崩れた。

（僕なら、何があっても崩れない〈バベルの塔〉をつくってみせるのにな……）

少年・岡啓輔は、根拠もないのにそう思った。

田植え前の季節、僕はこの企みを実行に移した。

低学年の子分を従え、近くで集めてきた石を輪っか状に並べ、その上に、田んぼの土を捏《こ》ねてかぶせる。その上に、また石を積んで土をかぶせる……。作業はその繰り返しだ。

「バベルの塔」が崩れたのは、構造のつくりがなんらか間違っているからだろう。構造さえしっかりしていれば、石と土でも崩れないものをつくれるはずだ……。

子ども心にそう思い、僕なりに考えた策があった。

「いいか、上のほうを少しずつ細くしていってまるーくするんだ。先のほうをまるくして、石と石をくっつければ、オレの読みでは壊れないはずだ」

いま思えば現場監督さながらに、子分に指示を出しながら自分でもせっせと石を積む。先端をドーム状にして構造を安定させようという作戦だった。

こうして、子どもの背丈ほど、一メートル五〇センチぐらいはあろうかという高さの塔をいくつもつくった。

結局それは、しばらくすると大人たち（おそらく田んぼの持ち主）に壊されてしまったけれど、「バベルの塔」のように自然に崩れはしなかった。石と石をつないだ土が乾いても、塔は安定して立っていた。

少年・岡啓輔は、それを満足そうに見つめている。そのときの光景が、「蟻鱒鳶ル」のドローイングについて考えていたら、ふと頭に浮かんできたのだ。

はじまりは、「バベルの塔」

僕らは、田舎の小さな温泉街で、大人たちに見守られながら、好きなものを好きなようにつくっていた。

遊びのなかでふと思いついたイメージを、あれこれ工夫しながら自由につくる。すべては〈即興〉、そして「つくる悦び」に満ちていた。

そのときの、ワクワクした心の動き、そして、自分の手で秘密基地をつくり上げる手触り。それらが、記憶の彼方にあった映像とともに、一気に蘇る。

幼い僕は、〈バベルの塔〉を石と泥からつくり上げた。

（ああ、これだ。僕がつくりたかったもの、やりたかったことはこれなんだ。決して崩れることのない〈バベルの塔〉を〈即興〉でつくり、「つくる悦び」を全力で表現する……）

僕が「蟻鱒鳶ル」でやりたかったこと、表現したかったものは、すべて僕の人生とつながっている。それは、どこかで聞きかじったもっともらしい理屈ではなく、自分の身体が理屈よりも先に知っていたことだった。

この感覚は圧倒的に信じられる。もう疑う余地はない。この感覚を、素直に表現すればいい。そう思うと、気持ちが軽く、肩の力がすっと抜けた。

さらにうれしいことに、「蟻鱒鳶ル」の名前までもが「バベルの塔」につながっていた。

幼い僕は、『バビル二世』というアニメ番組を好んで観ていた。

主人公の「バビル二世」は、五〇〇〇年前、「バベルの塔」に不時着した宇宙人の子孫という設定だ。彼には、ロデムとポセイドンとロプロスという名の「三つのしもべ」がいる。それぞれ陸・海・空にまつわるロボットで、「バビル二世」は彼らを従え、世界平和のために戦い抜く。

蟻と鰺と鳶も、陸・海・空を生きる動物だ。「バビル二世」の「三つのしもべ」と見事に重なる。

ならば、僕はさしずめ「バビル二世」だろうか。

僕も、世界平和を心から願っている。「つくる悦び」が世界に広まり、世界から〈分断〉がなくなれば、世界から戦争をなくせるはずだ。僕は半ば本気でそう考えている。

蟻と鰺と鳶を従え、「蟻鰺鳶ル」で世界平和を目指す――。うん、悪くない。

ここまで見事につながったら、僕はこの道を信じて進むしかない。

「蟻鰺鳶ル」は、僕がつくるべき、そして、他の誰でもない僕だからつくれる僕だけの建築だ。

その思いを、僕はドローイングで表現した。

今では、倉田先生からかねがね言われていた言葉を思い出す。

「岡、建築ってのは結局生き様だぜ。ちんけなことをグダグダ考えてねぇで、とにかく全部ぶっ込め」

そして、こんなことも。

「建築ってのはな、考えて考えて考え抜いて、でも最後の最後は、考えてるだけじゃ決められない。最後のところは、覚悟を決めてブワッとつかむしかない。そこには己の生き様があらわれるものなんだ」

その言葉の意味が、最近になって身に沁みてよく分かる。

建築は、理屈や言葉をこねくり回してつくれるようなものではない。生きてきたすべてを注ぎ込み、全身全霊でつくり上げるものだ。

僕が歩んだ人生からようやく紡ぎ出した最初の建築――。それが「蟻鱒鳶ル」なのだ。

矛盾を引っ提げてでもつくる

建築をつくることは恐ろしい。「つくる悦び」とともに、恐怖がつきまとう。

「建築は生き様だ」という倉田先生の言葉が示すように、できあがったもののなかに、つくり手の人間性が、どうしたって溢れ出てきてしまう。

「蟻鱒鳶ル」のあちこちに、僕の冴えない部分が溢れている。

つくりはじめて間もないころの、腰が引けながら建築をつくっている感じ。仕上げの難しいところを悩んで悩んで悩んだ末に、よく分からないものができあがってしまったところ。「これはいいぞ!」と思ってつくった型枠が、いざコンクリートを打ってみたらイマイチになった場所……。

僕という人間の冴えなさ具合を表すように、ダサいところが溢れまくっている。それはとても恥ずかしく、恐ろしいことだ。

建築をつくるもうひとつの恐ろしさは、つくるものの巨大さにある。

これだけ巨大なものを、一点の矛盾や失敗もなくつくり上げることなどほぼ不可能だ。建築を、誰の手も借りず、一人でつくり切ることなどできない。ほとんどの建築家は、自分で手を動かすこともしない。やるのは絵を描くところまでだ。

建築が、自分以外の複数の人の共同作業によってできあがるものである以上、どこかに、建築家が掲げた理想やコンセプトと相容れない何かが紛れ込んでしまう。多くの建築家が、そのギャップに頭を悩ませている。

つまり、すべての建築には、「建築家がつくりたいもの」と「実際にできあがるもの」の間に、少なからぬギャップがある。建築が孕む矛盾と言ってもいい。

建築家は、そのギャップや矛盾を恐れている。見た人にそこをつかれ、文句を言われるのを恐れている。

だから、多くの建築家は、無難な「答え」のようなものに逃げがちだ。

屋根はこうやってつくるもの。壁はこうやってつくるもの——。多くの人が、「当たり前」だと思われている方法を選択する。だが本当に、その当たり前の方法は、建築をつくる唯一無二の「答え」なのだろうか。

そうではない、と僕は思う。

その当たり前に見える方法は、先人たちが試行錯誤を経て辿り着いたものだ。建築には、ほかにもさまざまなつくり方があるはずだ。その可能性を考えることなく、答えらしきものに飛びつくのは、建築家の怠慢だ。それが今の建築をつまらなくしている。

ラスキンは、こんなことを語っている。

「建築は不完全でなければ真に高貴なものとはなりえない」

「よい作品というのはいかなるものであれ完全ではありえないのであり、また完璧さを要求することはつねに芸術の目的を誤解している徴候なのである」

人間は、誰しも不完全な存在だ。その不完全な人間が、楽しみながら、全身全霊を込めてつくるからこそ、建築は美しくなる。それがラスキンの言葉の真意だろう。

矛盾を引っ提げてでもつくる――。その覚悟が、建築に力をみなぎらせてくれるのだ。

「つくる」をこの手に取り戻す

「つくる」ことは、人を大きく育ててくれる。心に希望をもたらしてくれる。

「蟻鱒鳶ル」をつくりはじめて一〇年以上、我が身を振り返れば、そう思わずにいられない。

あれほど絶望していた僕が、「つくる」ことによって希望と生きる力を取り戻し、「蟻鱒鳶ル」が少しずつ形になるにつれ、僕も小さな自信を持てるようになってきた。

僕は「つくる」ことに救われ、「つくる」ことで、今の自分になれたのだ。

それは、建築を「つくる」ことだけにとどまらない。あらゆる「つくる」には、人を育てる力がある。自分の手で「つくる」ことには、人を大きく育てる力がある。

九州の田舎の温泉街で育ち、自転車で日本各地を巡り、飛驒高山の山中にある高山建築学校に足繁く通った僕は、田舎で暮らす立派な人たちを大勢見てきた。

彼らは、百姓だったり木こりだったり大工だったり漁師だったり……。田舎でそれぞれの「つくる」仕事に取り組み、どっしりと生きている。自らの手で作物を育て、木を伐り、家を建て、大海原で格闘してきた確かな手応えが、自分の人生を生きている実感と自信につながっていくのだ。

東京・三田の現場近くには、大勢の会社員がいる。

出勤時間に見かける彼ら彼女らは、どこか自信なさげで不安を抱えているようだ。表情は暗くうつむき加減で、足取りは重い。それが夕方になると、苦しみから解放されたかのように、明るい表情と軽い足取りで飲み屋街や駅へと向かう。

田町駅の周辺で、そういう光景を見かけるたび、僕は疑問に思うことがある。

そういう仕事が、人を本当の意味でどれだけ育ててくれるものなのか——。

人類が長年抱いてきた夢は、飢え死にする人がいない社会をつくることにあったはずだ。少なくとも日本や世界の先進国では、ここ何十年かに至ってようやく、その目標に辿り着くことができた。何千年、何万年と豊かさを求め続けてきた結果、ようやく手にした賜物だ。

けれども、豊かであるはずの日本では、毎年二〜三万の人が自ら命を絶つという。その背後では、何倍、何十倍もの人が鬱になり、心を病んだ自殺予備軍がいると言われる。

たしかに物質的には豊かになった。でもそれにより、人が人らしく生きられない状況が生まれているのだとしたら、これほど皮肉なことはない。

そろそろ人類は、「豊かになる」の次の大きな目標を定める時期に差しかかっているのではないだろうか。今のまま物質的な豊かさを追い求め続けたら、多くの大事なものを失ってしまうのではと、心配でならない。今の世の中のありように、悲しささえ感じる。

豊かさを手にした今、人類が次に目指すべきは、「仕事を楽しくする」であってほしい。多くの人は、人生のど真ん中を仕事に捧げている。仕事そのものが楽しくなれば、その人の人生と、そして世界が、きっといい方向に向かっていくはずだ。

そのきっかけは、「つくる」がもたらしてくれると僕は思う。

建築をつくり、世界を変える

二〇〇年もつと言われる「蟻鱒鳶ル」は二三世紀に、どんな世界を見るのだろうか——。

まだ完成させられてもいないのに、ときどきそんな妄想が頭をよぎる。

もう一〇年ほど前になるだろうか。「蟻鱒鳶ル」の名付け親マイアミとこんな話をしたことがある。

「なあ、マイアミ。古代ギリシャのころは、芸術とか哲学とかをする人はみんな貴族だったんだよな」

「そうだね。身の回りのことは全部やってくれる奴隷がいて、貴族の連中は、労働も暮らしの心配もしなくてよかった。そういう貴族が、一生まるごと時間をかけて、芸術や哲学に取り組んだんだよね」

「でもさ、今のオレたちも、当時の貴族ほどじゃないけど、まあまあそれができるようになったよね。一〇〇年前だったら、オレなんか田舎で畑耕すぐらいしか選択肢がなかったはずだけど、自分の人生にずいぶん挑めるようになってきたと思うな」

「そうかもしれない。自分の人生全部は無理でも、半分ぐらいは芸術とか哲学とかに使えるようになってきた感じはするよ」

間違いなく、状況は少しずつよくなってきていると僕は思う。

僕が「蟻鱒鳶ル」をつくれるようになったのだって、インターネットでいろんな情報を調べやすくなり、僕がやっていることを簡単に発信できるようになり、どでかいホームセンターができて簡単に材料が変えるようになり……、状況が整ってきたからだ。

これだけ状況が整っているのだから、やる人がいなきゃダメだ。おもしろいことや新しいことを思いついた人が挑んでいくべきだ。

僕にそう思わせてくれたのは、倉田先生の存在が大きい。自分で「学校」をつくることもできるのだ。その背中を追うように、僕は「岡画郎」や、ほかにもさまざまなイベントを友人たちとはじめ、ついには「蟻鱒鳶ル」をつくりはじめた。

自分のやりたいことに挑み、それで大失敗をすることだってあるかもしれない。振り返れば、「蟻鱒鳶ル」だって、いつそうなったっておかしくはなかった。

でもそのときは、「オレの人生、大失敗だったな」と思えば済む話だ。

成功しようと大失敗しようと、人には必ず最期が訪れる。それまでの時間を、自分が信じられるもの、自分にとって大切なものに賭けるのか、それとも、自分にとってどうでもいいものに賭けるのか――。

僕は、前者に賭けると決めた。そのほうが、かけがえのない一度きりの人生を、心ゆくまで楽しめると思えたからだ。

そう感じる人が少しでも増えれば、未来はおもしろくなっていくに違いない。

倉田先生は言った。「建築は世界だ」と。

僕は建築をつくり、世界を変えたいと本気で願っている。建築が世界そのものであるならば、それだってできないことはないはずだ。

すべての人が、自分らしい人生を歩んで生きていく。そんな世界をつくりたい。

思えば、僕が生まれ育った船小屋の温泉街には、いろいろな人たちがいた。ストリップ小屋があって芸者のお姉さんたちがいて、明らかに堅気ではないその筋の人たちがいる。ワケありでどこかから逃げてきて、隠れるように暮らす親子もいる。

その人たちは、みな僕に優しく接してくれた。僕は子ども心に、「この人たちがみんな、笑って生きていければいいな」と思っていた。僕も五〇歳を超え、いい年になっていまだに、子ども時分の寝ぼけた思いを持ち続けている。

そんな寝ぼけた夢も、「つくる悦び」が世界に広まれば、いつかは叶うと信じている。

建築はメディアだ。よくそう言われるように、建築は人の心に大きな影響を与える。

ひとりでも多くの人に、「つくる悦び」を感じとってもらえるように、僕は都心で「蟻鱒鳶ル」をつくる。それが、人々の心に希望をもたらす「希望の建築」になると信じて……。

何も急ぐことはない。「蟻鱒鳶ル」はこれから先二〇〇年、人々とともにあり続けるのだから。

二三世紀を生きる人たちが、「蟻鱒鳶ル」を見て、笑顔でこう漏らす姿が僕には見える。

「二一世紀、イカしてんな。オレたちも負けられねぇな……」

「蟻鱒鳶ル」売り鱒

二〇一七年一月終わり、僕はブログで、「蟻鱒鳶ル」を売りに出すことを公表した。建物はまだ完成していない。

断じて、「蟻鱒鳶ル」をつくりきることを諦めたわけではない。むしろ事態はその逆だ。「蟻鱒鳶ル」を完成させるために、「蟻鱒鳶ル」を売ることを決めた。

僕にその決断をさせたのは、再開発の計画だ。

その人たちが現場にやってきたのは、二〇〇九年一月のこと。スーツに身を包んだ、大手不動産会社の人たちだ。

彼らの言葉に、僕は耳を疑った。「蟻鱒鳶ル」の敷地が、再開発のエリアに入っている。相応の補償はするから、立ち退いてくれと言うのだ。

到底受け入れられない話だが、僕一人で太刀打ちできる問題だとも思えなかった。僕の友人に、幼少期に地上げ屋にクルマで轢かれ、脳機能障害や難聴などの後遺症を抱えているヤツもいる。あの手この手で、「蟻鱒鳶ル」はつぶされてしまうのではないか……。

僕は友人の弁護士に相談を持ちかけた。

「再開発だからといって、住人が立ち退かなければならないという法律はない」

おお、なんと心強い！　だが、話には続きがあった。

「けれども、いままで再開発で立ち退かずに済んだ事例は一度もない」

絶望しかけた僕に、友人弁護士は希望の道を示してくれた。

「可能性があるとしたら、『蟻鱒鳶ル』が文化財みたいな扱いになるしかないかな。それには人から認められるいい建築をつくること。応援してくれる人をひとりでも増やすために広報活動に力を入れること。そのふたつを頑張るしかないよ」

その日以来、僕は広報活動に積極的に取り組みはじめた。そして、世論やメディアを味方につける作戦を実行に移してきた。この本も、その延長線上で生まれてきた。

再開発への僕のスタンスは、「反対もしないが、一歩も退かない」ということ。九年を超える折衝で、立ち退き回避の可能性が見えてきたとはいえ、まだ予断は許さない。僕に求められる作業も山ほどあり、建設作業はここ数年大きく停滞している。

それ以上に、ときおり僕を絶望的な思いにさせるのは、再開発側の人たちと、〈言葉〉があまりに通じないことだ。僕は何度も何度も、「蟻鱒鳶ル」への思いを告げてきた。それなのに、配慮の欠片も感じられない提案がなされたり、計画書を見せられたりする。しかも、悪びれた様子も申し訳なさそうな素振りも一切見せずにだ。

僕の〈言葉〉はまったく届いていない。僕は僕で、彼らの〈言葉〉がまるで分からない。

これは現代の〈分断〉ではないか!!

「バベルの塔」は、〈言葉の分断〉によって崩れ落ちた。「蟻鱒鳶ル」も、〈言葉の分断〉によって建設続行の危機に直面している。これは、〈バベルの塔〉をつくる試練なのだろうか。

この難局を、この〈分断〉を、僕は何としても乗り越えなければならない。

なかでも大きいのはお金の問題だ。

僕は、再開発で「蟻鱒鳶ル」の工事が長引けば、お金がもたないと何度も説明してきた。

「その辺りのことは、大船に乗ったつもりでお任せください」

それが、向こうのいつもの回答だった。これだけ大きな再開発を進める名の知れた大会社がそこまで言うのだからと、僕もその言葉を信じ切っていた。

ところが、再開発の計画が徐々に具体化すると、話がにわかに変わってきた。

「そんな約束はしておりません」

その言葉を目の前で聞かされたときは、腸《はらわた》が煮えくり返った。

でも、思い起こしてみれば、彼らの〈言葉〉は、ふとした会話の流れやお酒の席で出てきたものだ。それを真に受けていた僕が甘すぎたのだ。

とここに至り、いずれ僕が資金難に陥ることが明らかになった。これは着工以来、お金の問題から逃げ続けてきたツケ以外の何ものでもない。この問題をどうにかしないと、「蟻鱒鳶ル」が行き詰まってしまう。その打開策こそ、「蟻鱒鳶ル売り鱒」の勝負の一手だ。

もともとは、完成してから売ることを考えていた。だが、今のままでは完成にすら漕ぎ着けられない。完成前に売り抜き、得た資金で「蟻鱒鳶ル」を完成させる。販売時には、僕ら夫婦がそこに住まわせてもらう条件をつける。

僕ら夫婦はもう五〇歳近い。残りの人生はあと三〇年か四〇年、長くても五〇年ぐらいだろう。

「蟻鱒鳶ル」は二〇〇年もつ建築だ。僕らがいなくなったあと、短くとも一五〇年は自由に使える。こんな長寿命の建築は絶対にお買い得だ。

購入ご希望の方は、ぜひご連絡を。

お礼

自信なんてそもそもなかったんだけどそんな気持ちはゴマかし、ただ馬鹿みたいに突っ走ってた。

でも三〇過ぎたころアッサリと化けの皮ははがれ、自分には何もないんだと思い知らされた。

タロウが教えてくれた。「自信が欲しいと考えたときから必死に頑張れば三〇年で自信つくそうだよ」

頑張ろうと思った、自信のある老人になりたい。

「蟻鱒鳶ル」の工事がはじまり、毎日クタクタになるまで穴を掘り、泥のように眠った。

そういう暮らしがはじまって、やっとこんな何もない男を大切に思ってくれている人がいることに気づいた。

竹重くん、現場はじまって一〇〇通くらい手紙もらったかな、返事一通も書かずスミマセン。

関根さん、いつも現場に来てくれて、大量に写真撮ってくれて蟻がと。

脇坂、癌になってボロボロなのに名古屋から何度も見に来てくれたね、蟻がとばい。

藤巻、困ったときの藤巻だのみ、いつも蟻がと、八王子頑張れ！　間違いなくサイコーだから!!

タロウ、東京でのいちばん古い友達になってしまった。今後もヨロシク！

ヒロキくん！　覚醒剤中毒ボロボロで一生懸命手伝ってくれ、見事に復活しカッコ良かった！

丸山弁護士!!　頼りまくって申しわけ蟻ません！　これからもヨロシク〜！

ゴーへーくん&ムギ、大自然パワーぶっこみ蟻がと！　今年も熊鍋ヨロシク!!

マイアミ!!!　ベリーベリーベリーサンキュウーーーー!!!

新井さん、マンガ最高の杖になって鱒！　頑張り鱒!!

藤森照信先生、ロンドンでかけていただいた言葉忘れません！

石山修武先生、完成させたら見に来てください、二〇〇〇年のワークショップの最終提出です。

倉田先生〜！　最近はどうにかこうにか泣かずにやれて鱒〜！　見守っててください〜

～!!

ちあき、工事遅くてスミマセン、サイコーの建築にしますので勘弁を！

岡啓子さん、生まれてずっと蟻がとうござい鱒、借金返済がんばり鱒！

サトーさん、装丁サイコーです！

本多さん、写真サンキュ！

柴山さん、萱原さん、長い作業になってしまいました。お疲れさまです、あとは売れるように祈りましょう！

たくさんの、たくさんの人に支えられてやれています。ほんとうに、ほんとうに蟻がとうござい鱒！

この後も《RC作製SHOW！》最後までごゆっくりお楽しみください！

初出

序章は、『atプラス27』（太田出版）に掲載された「自分でビルを建てる」を、大幅に加筆修正したものです。

第一章以降は書きおろしです。

クレジット

本多晃子：カバー写真、表紙写真、口絵（「1階から、空を見上げる」）、二五頁、四五頁、四九頁、五三頁、五七頁、九三頁、二五七頁

芦沢沙紀（サトウサンカイ）：カバー（人物イラスト）

鷹野隆大　Courtesy of Yumiko Chiba Associates：口絵（「蟻鱒鳶ル」外観）

とくに断りのない図版は、著者作成または著者提供のものです。

岡啓輔（おか・けいすけ）

一九六五年、福岡県生まれ。一級建築士。住宅メーカー勤務後、東京で土工、鳶、鉄筋屋、型枠大工など現場経験を積む。二〇〇三年、「蟻鱒鳶ル」案が「ＳＤレビュー」入選。二〇〇五年から東京・三田にＲＣ造のビルをつくりはじめる。現在も建設中。

萱原正嗣（かやはら・まさつぐ）

一九七六年、大阪生まれ神奈川育ち。フリーライター。人物ルポから人文・歴史、社会科学、自然科学まで幅広いテーマを取材・執筆。著書に『闘え！高専ロボコン』（ベストセラーズ）、共著に『植物の体の中では何が起こっているのか』（ベレ出版）がある。

バベる！ 自《じ》力《りき》でビルを建《た》てる男《おとこ》

二〇一八年四月二四日　初版第一刷発行

著　者　岡 啓輔
発行者　山野浩一
発行所　株式会社筑摩書房
東京都台東区蔵前二―五―三
郵便番号　一一一―八七五五
振替　〇〇一六〇―八―四一二三

ブックデザイン　佐藤亜沙美（サトウサンカイ）
印刷・製本　凸版印刷株式会社

筑摩書房サービスセンター
さいたま市北区櫛引町二―六〇四　郵便番号　三三一―八五〇七
電話　〇四八―六五一―〇〇五三

ISBN978-4-480-87396-5 C0052